ISBN 978-0-365-07699-5
PIBN 11338767

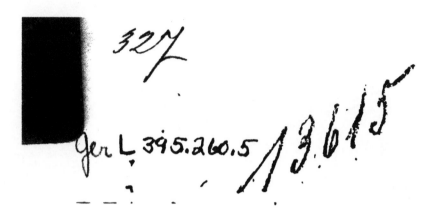

Theater-Director Carl.

Sein Leben und Wirken — in München und Wien,

mit einer entwickelten Schilderung

seines Charakters und seiner Stellung

zur

Volksbühne.

Von

Friedrich Kaiser.

Wien.

Sallmayer und Comp.

1854.

𝔐otto: Facta loquuntur.

Vorwort.

Die Bühne bezeichnet man häufig mit den Worten:
„die Bretter, welche die Welt bedeuten." — Wenn
nun die Welt ihre Geschichte hat, so sollte doch auch
ihr Ebenbild, die Bühne einer Geschichte gewürdigt werden. — In Norddeutschland machte man bereits im
vorigen Jahrhunderte dazu den Anfang: Die Chronik
des Leipziger Stadttheaters enthält die wichtigsten Momente desselben, von der Zeit der Caroline Neu-
berin und von Gottsched's Wirken angefangen, bis
nahe zum Ende des achtzehnten Jahrhunderts. Bei uns
dachte bisher noch Niemand daran, eine förmliche Geschichte eines unsrer fünf Theater zu verfassen; einige
kleine Brochuren ausgenommen, welche nicht viel mehr,
als die Aufzählung der aufgeführten Stücke und die
Namen der vorzüglichsten Mitglieder enthielten. Wenn
es nun aber dem Verfasser dieses Büchleins ferne liegt,
eine förmliche Geschichte der Wiener Theater zusammenzustellen, so wird er doch bemüht sein, einem vielleicht in
der Zukunft auftretenden Geschichtschreiber dadurch ein
bedeutendes Materiale zu liefern, indem er eine der her-
vorragenden Erscheinungen der Theaterwelt, welche der
nunmehr verstorbene Director Carl unbestritten war, zum

Gegenstande seiner Besprechung macht, und nicht nur dessen Wirken als Darsteller, sondern auch als Bühnenleiter, ferner dessen Berührungen mit anerkannten Notabilitäten des Theaters, seine Stellung zur Volksbühne, seine Erlebnisse und Charakterzüge theils nach den verläßlichsten Quellen, theils nach eigener Erfahrung und Anschauung einer ausführlichen Erörterung unterzieht. —

Wie die Weltgeschichte ihren Anfang in den Erzählungen von dem Leben und den Thaten berühmter Männer nahm, so würde, meines Erachtens, auch die Zusammenstellung einer Bühnengeschichte dadurch am leichtesten ermöglicht, wenn die Zeitgenossen ausgezeichneter Künstler das Sprichwort „dem Mimen flicht die Nachwelt keine Kränze" widerlegten, indem sie deren Schicksale, das Aufkeimen und Entfalten ihrer Talente und ihren Einfluß auf die Bühne im Allgemeinen, in einer unparteiischen Beurtheilung und Würdigung nicht bloß in einem bald verwehten Journal-Blatte besprächen, sondern, dieselben zum Gegenstande eines Buches oder wenigstens einer Brochure machend, der Vergessenheit entzögen.

Wenn irgend Eine der theatralischen Notabilitäten durch ihre Erlebnisse und Eigenthümlichkeiten Stoff zu einer ausgedehnteren Erzählung bietet, so ist es Carl, den wir durch beinahe dreißig Jahre nicht bloß als Darsteller, sondern auch als Vorstand von Bühnen in unsrer Mitte wirken sahen, und welcher sowol Licht- als Schattenseiten genug bietet, um ihn zum Gegenstande eines ausgeführteren Bildes zu wählen. Ich sage Licht- und Schattenseiten, um den Leser im Vorhinein von der Meinung abzubringen, als hätte ich es mir zur Aufgabe gemacht, nur eine Panegyrik des Geschiedenen zu verfassen: — wenn das Sprichwort „de mortuis nil nisi bene" überall gelten sollte, so gäbe es keine wahre Geschichte! — Ebenso würde sich aber auch jeder Leser enttäuscht fühlen, welcher in diesem Buche vielleicht auch interessante Episoden aus dem Privat-Leben dieses Mannes erwartet; denn wir sind nur berechtigt, das öffentlich zu besprechen, was er selbst der Oeffentlichkeit übergab: sein Wirken als Schauspieler und Bühnenleiter. — Enthüllungen von Privat-Verhältnissen mögen Gegenstand müssigen Stadtgeschwätzes sein, der Schriftsteller aber, welcher sich damit befaßte, würde sich selbst in die Reihen des profanum vulgus stellen.

Bevor ich nun zur Lösung meiner Aufgabe schreite, bleibt mir noch zu erwähnen übrig, daß ich jene Ereignisse und Begebenheiten, welche sich vor der Zeit, in welcher ich selbst mit den Bühnenverhältnissen bekannt wurde, zutrugen, größtentheils den ausführlichen Berichten nacherzähle, welche der Schauspieler Herr Gämmerler, der, von den ersten Versuchen in seiner Kunst auf der Münchener Bühne angefangen, bis zum gegenwärtigen Augenblicke ununterbrochen unter Carl's Leitung stand, und somit ein fortwährender Zeuge aller diesen betreffenden Vorkommnisse war, mir mittheilte, und daß ich nebst diesen auch die in den Werken August Lewald's über Carl enthaltenen Ansichten und Schilderungen benützte. — Seit einem Zeitraume von mehr als zwanzig Jahren aber stand ich selbst, mit kurzer Unterbrechung, fortwährend, Anfangs aus freiem Antriebe, später, weil durch Verträge gebunden, mit Carl in Verbindung, und kann somit nicht bloß Selbsterfahrenes mittheilen, sondern glaube auch nicht ganz unberechtigt zu sein, an manches Vorkommniß eine kritische Beurtheilung zu knüpfen. Namentlich dürfte über Carl's Stellung gegenüber den für seine Bühne schreibenden Dichtern, so wie über seine Ansichten und sein Gebaren mit Theaterstücken, nicht leicht Jemand im Stande sein, mehr zu berichten, als ich, da ich während des angegebenen Zeitraumes wenigstens wöchentlich einige Stunden in Besprechungen mit ihm zubrachte, von welchen ich gestehen muß, daß sie jederzeit, ob wir nun in unsern Ansichten übereinstimmten, oder mitunter geradezu entgegengesetzter Meinung waren, interessante Pointen boten, und mir nicht nur viel Vergnügen bereiteten, sondern auch meine Erfahrung bereicherten, und meine Bühnenkenntniß förderten.

Dagegen werden in dieser Erzählung auch Momente vorkommen, bei welchen ich mich absichtlich aller Beurtheilung enthalte, und nur die Thatsachen neben einander stelle, wodurch dem Leser das Urtheil über den behandelten Charakter sich von selbst aufdrängen dürfte; und somit wiederhole ich das dem Buche voranstehende Motto: „Facta loquuntur!“

Wien, am 31. August 1854.

Theater-Director Carl.

I.

Carl's Lebensgeschichte bis zur Wahl des Schauspielerstandes. — Sein Wirken in München als Schauspieler, Regisseur und Director.

Carl Bernbrunn (unter dem später angenommenen Theater=Namen Carl Carl bekannt) war der Sohn eines wohlhabenden Privatiers, J. Bernbrunn, und der Gattin desselben, einer gebornen Baronesse von Wetzlar. (Letzterer Umstand war die Veranlassung, daß man ihn selbst oft für einen Baron von Geburt hielt; auch wider= legte er diese Meinung nicht, wenn ihn Jemand, nicht zum Theater Gehöriger mit „Herr Baron" ansprach.) Er wurde zu Krakau im Jahre 1787 geboren, und für den Militär= dienst bestimmt, zu welchem Zwecke er seine Ausbildung in der k. k. Ingenieur=Akademie erhielt. Er trat aus derselben als Fähnrich, und machte als solcher den Feldzug im Jahre 1809 mit. Wie er mir selbst erzählte, war er zu dieser Zeit ein junger Brausekopf, welcher den Säbel bald aus der Scheide zog, wenn er auch nur durch eine Miene — ein Wort sich verletzt fühlte. Mehre mir bekannte noch le= bende Militärs, welche damals seine Waffengenossen waren, bestätigen dies, und geben ihm das Zeugniß, daß er sich in solchen Fällen stets muthig und ehrenhaft benommen habe.

Während des Feldzuges im Jahre 1809 wurde er kriegsgefangen, und mußte befürchten, mit dem zugleich mit ihm im Castell zu Mantua gefangen sitzenden weltberühmten Vertheibiger Tirols: „Andreas Hofer" ein gleiches Loos zu theilen. Durch die Verwendung eines hohen Fürstenhauses gelang es ihm jedoch, aus der Gefangenschaft entlassen zu werden, gegen sein gegebenes Ehrenwort, nie mehr wider die französischen Waffen zu kämpfen. Er begab sich hierauf nach Wien, und der unwiderstehliche Drang zur Schauspielkunst, welcher schon seit frühester Jugend seine Brust erfüllte, bemeisterte sich jetzt seiner derart, daß er, obwohl noch den Offiziers = Character bekleidend, mit dem damaligen Director des Josefstädter = Theaters dahin übereinkam, ihm für einen Abend sein Theater zum Behuf eines anzustellenden Versuchs zu überlassen — mit der Bedingung jedoch, daß zu dieser Vorstellung nur jene Personen, und zwar ohne Entgeld Eintritt haben sollten, welche von Carl selbst eingeladen, und von ihm mit Karten versehen waren. Diese Bedingung wurde aber von Seite des Directors nicht eingehalten; auch er gab Karten aus, und so kam es, daß Abends das Theater in allen Räumen von Bekannten und Unbekannten erfüllt war, und auch einige hier lebende Kriegsgefährten Carl's davon Kenntniß erhielten. Diese, welche sich durch Carl's Auftreten auf einer öffentlichen Bühne in ihrem Ehrenstande verletzt fühlten, begaben sich sogleich — noch vor Beginn der Vorstellung — in die Garderobe Carl's, welcher in dem zu spielenden Stücke sich eine militärische Rolle gewählt hatte, und daher bereits in der Theater-Uniform, aber mit seinem gewöhnli-

chen Dienstsäbel, sammt dem goldenen Porte = épée an der
Seite, vor ihnen erschien. Es gab einen heftigen Wortwechsel. Allein Carl ließ sich von seinem Vorsatze nicht ab-
bringen; er wußte sich der Dränger zu entledigen, und
spielte seine Rolle zur vollen Zufriedenheit des Publikums,
nicht aber zu jener seiner Commilitonen, welche den Vorfall
höheren Orts zur Kenntniß brachten, so, daß Carl fast in
Gefahr gekommen wäre, förmlich cassirt zu werden, wenn
er nicht, ohne Wissen seiner Eltern, sogleich Wien verlassen, und sich nach München begeben hätte, mit dem nun
fest gefaßten Entschlusse, sich für immer der Bühne zu widmen.

Das damalige, sogenannte Herzoggarten=Theater stand
unter der Direction eines Herrn Weinmüller, welcher
den Anfänger Carl für kleine Rollen mit einem Wochen=
gehalte von vier Gulden engagirte. Da Carl von seinen
Eltern keine Unterstützung erhielt, und eine solche auch
nicht ansprechen wollte, so blieb ihm bei diesem geringen
Gehalte nichts übrig, als, um nur halbwegs anständig bestehen zu können, während seiner freien Stunden sich noch
mit dem Abschreiben von Rollen einige Groschen zu verdienen. Er bewohnte damals ein Monat=Zimmer bei dem
gegenwärtig noch hier lebenden Herrn Joh. Held, der
ihm, wie Carl mir selbst wiederholt erzählte, oft ein Glas
Bier bezahlte, welches sich Carl bei seinem äußerst schma-
len Erwerbe nicht vergönnen konnte.

Als Carl später selbstständiger Director des Isar=
thor=Theaters wurde, gab er dem genannten Herrn Held
die Anstellung eines Cassiers, in welcher Eigenschaft dieser
auch bis vor wenigen Jahren verblieb, wo ihn sein hohes

1 *

Alter (er ist gegenwärtig 78 Jahre alt) zur Erfüllung seiner schwierigen und anstrengenden Dienstleistung untauglich machte, und er deshalb von Carl derselben enthoben wurde, mit dem Versprechen, daß er seinen vollen Gehalt bis an sein Lebensende beziehen sollte. — Wir finden den Namen des Herrn Held in dem weiter unten beigefügten Testamente Carl's wieder! — —

Weinmüller's Theater wurde ein Raub der Flammen, und Carl fand ein neues Engagement bei dem, unter dem Intendanten Baron de la Motte stehenden Hoftheater zweiten Ranges, dem so genannten Isarthortheater, wo er Naturbursche und jugendliche Liebhaber sowohl zur Zufriedenheit des Publikums als der Intendanz spielte, und auch bei verschiedenen Gelegenheiten im ersten Hoftheater verwendet wurde.

Dort lernte er seine nachmalige Frau, die damals sehr beliebte Schauspielerin Margarethe Lang, kennen, welche sich sowohl der Gunst des Publikums, als auch der des damals regierenden Königs Marmilian im hohen Grade zu erfreuen hatte.

Der Intendant, Baron de la Motte, wurde bald nicht nur auf Carl's ausgezeichnete Befähigung zur Darstellung, sonder auch auf seine übrigen geistigen Fähigkeiten, sein rasches Auffassen aller Verhältnisse und seinen Tact, in allen Fällen schnell das rechte Mittel zu finden, aufmerksam; zog ihn deshalb in seine Nähe, verwendete ihn im Theaterbureau, und ging meistens auf Carl's Vorschläge derart ein, daß er selbst bald nur mehr dem Namen nach Intendant war, in der That aber war dies — Carl.

In jener Zeit waren in München, so wie auch anderwärts die Ritter=Schauspiele en vogue, deren Aufführung besonders eines tüchtigen Arrangeurs beburfte, da sie gewöhnlich mit der Darstellung von Schlachten, großen Aufzügen u. s. w. verbunden waren. Carl machte bei solchen Anlässen den Intendanten auf das Mangelhafte der bisherigen Inscenesetzung aufmerksam, und erbot sich einmal, als die Probe des Schauspieles: „Adelheid von Wulfingen" unter der Leitung des Regisseurs nicht zum gewünschten Resultate führte, einen Actschluß, welcher die Erstürmung einer Veste darstellen sollte, selbst anzuordnen. Der Intendant, dem schon um den Erfolg des Abends bange war, willfahrte ihm freudig; Carl begab sich aus der Loge, in welcher er und der Intendant bisher ungesehen Zeugen der fruchtlosen Bemühungen waren, auf die Bühne, und übernahm das Commando der Massen von Comparsen. Rasch verstand er es, diese zweckmäßig zu vertheilen, ihre Bewegungen anzuordnen, und Leben und Wahrheit in das darzustellende Bild zu bringen.

Der günstige Erfolg des Abends hob ihn noch mehr in der Gunst des Intendanten; bald waren die bisherigen Regisseure in den Hintergrund gedrängt, und die Regie ausschließend in Carl's Hände gelegt.

Wenn man erwägt, daß zu den vorzüglichen Obliegenheiten des Regisseurs auch die Besetzung der Rollen gehörte, so wird man den Vortheil erkennen, welchen der Schauspieler Carl durch den Regisseur Carl fand. Letzterer war nämlich dadurch in den Stand gesetzt, dem ersteren die dankbarsten Rollen zuzutheilen, und es ist eine bekannte Sache, daß sehr oft Rollen den Schauspieler machen, oder ihn wenigstens in den Stand setzen, da glänzend hervorzutreten, wo ein anderer, vielleicht Gleichtalentirter, dem eine minder dankbare Rolle zufällt, unbemerkt bleibt. — Uibrigens spielte Carl damals fast durchgehends nur Helden- und Liebhaber-Rollen.

Den Anlaß, daß Carl sich auch in einem andern Rollenfache versuchte, und sich eben dadurch die erste Quelle seines nachmaligen Reichthums eröffnete, gab ein Wiener Local-Dichter, Herr von Gleich.

Um jene Zeit fingen nämlich die, eigentlich nur für Wien verfaßten, komischen Stücke (eben deßhalb Local-Stücke genannt) an, sich auch auf den übrigen deutschen Bühnen Bahn zu brechen, und vorzüglich war es Carl, welcher sich die in Wien mit Beifall aufgenommenen Volks-Possen verschrieb, theils um eine Abwechslung in das Repertoir zu bringen, theils, weil er wußte, daß die Mitglieder des bairischen Hofes sowohl, als auch das Publikum sich gerne an heitern, wenn gleich mitunter derben Spässen ergötzten.

So ließ er sich auch die zu jener Zeit in Wien mit großem Beifalle unzählige Male gegebene Posse: „Herr Josef und Frau Waberl" von Alois von Gleich kommen. Er durchlas sie, und erkannte in derselben bald einen Kern echter Volkskomik, welcher dem humoristischen Darsteller Gelegenheit genug bot, seine Laune im heitersten Farbenspiele glänzen zu lassen.

Ein Umstand schien jedoch die Aufführung dieser Posse auf dem Isarthor-Theater vor der Hand unmöglich zu machen.

Der bisherige Darsteller komischer Rollen, welcher zugleich des süddeutschen Dialectes mächtig war, Herr Wollbrück, hatte nämlich bereits sein Engagement gekündigt,
und sollte die Bühne schon in so kurzer Zeit verlassen, daß
es nicht mehr rathsam schien, die Hauptrolle eines Stückes,
von welchem man sich einen länger dauernden Erfolg versprach, in seine Hände zu legen.

Mit Bedauern machte daher Carl dem Intendanten
die Mittheilung, daß er wohl eben ein sehr gutes, witziges
Stück aus Wien erhalten habe, aber aus dem eben erwähnten Grunde nicht zur Aufführung bringen könne. Deßungeachtet ersuchte ihn der Intendant, ihm das Stück vorzule-
sen; Carl that dies, und entwickelte beim Lesen der Hauptrolle so viel Humor, deutete bereits so viele wirksame Nu-
ancen an, daß Baron de la Motte, nachdem die Vor-
lesung zu Ende war, lächelnd sagte, Carl möge nur im-
merhin die Rollen des Stückes schreiben lassen, er habe für
die Hauptrolle (Herr von Springerl) bereits einen Darsteller gefunden.

Carl vollzog den Auftrag, ohne errathen zu können,
welches neue komische Darstellungstalent dem Intendanten
eben jetzt zur Verfügung stehe.

Als die Rollen geschrieben waren, legte er sie sämmt-
lich dem Intendanten vor, nachdem er für jede andere Rolle —
mit einziger Ausnahme der genannten Hauptrolle — einen
Schauspieler in Vorschlag gebracht hatte.

Nach diesem Vorschlage überschrieb der Intendant jede
der Rollen, und setzte den Tag der Probe und der Aufführung bei. Erwartungsvoll sah Carl auf die noch unbe-

sezte Rolle, und erschrack beinahe, als jener auf die Rolle des Herrn von Springerl den Namen: „Carl" schrieb. Er wollte Einwendungen machen, aber diese drangen nicht durch; — der Intendant bestand darauf, und er mußte sich endlich fügen.

Der Erfolg der Darstellung bewies zulezt, daß de la Motte mit richtigem Blicke Carl's bisher noch nicht erprobtes Talent zu niedrig komischen Rollen aus dem Vorlesen einer solchen erkannt hatte. Sowohl das Publikum, als der bei der Vorstellung anwesende Hof kamen nicht aus dem Lachen heraus; Carl wurde mit Beifall überschüttet, und hatte somit glücklich den ersten Schritt auf einer Bahn gethan, welche ihn später zum reichsten Gewinne führte, und die erste Veranlassung hiezu war (wie schon erwähnt) der Wiener Volks-Dichter Gleich!

Ich kann nicht umhin, hier einer Scene zu gedenken, welche sich viele Jahre nach diesem Erlebniß, da Carl bereits als sehr reicher Mann Director des Theaters an der Wien, und ich schon bei ihm als Theaterdichter angestellt war, in seinem Bureau ereignete.

Der Volksdichter, Herr von Gleich, welcher die Bühne mit so vielen wirksamen Stücken bereichert hatte, war inzwischen ein Greis geworden; seine geistige Elasticität hatte nachgelassen — er konnte mit seiner Feder nichts mehr verdienen, und war in tiefe Armuth gerathen, worüber sich Niemand wundern dürfte, der weiß, wie damals die Verhältnisse eines Theaterdichters gestellt waren, und daß die Emolumente, welche ein auch noch so sehr gelungenes, und der Theater-Casse reiche Summen zuführendes Stück dem

Verfasser einbrachte, gewiß nicht derart waren, um sich einen Sparpfennig für das erwerbsunfähige Alter zurückzulegen.

Von äußerster Noth getrieben hatte sich Gleich an Carl mit der Bitte gewandt, ihm ein Benefice im Theater an der Wien zu bewilligen, und Carl sich bereit erklärt, ihm das halbe Erträgniß einer Vorstellung zu überlassen, wenn er — Gleich nämlich — sich bemühen würde, ein außergewöhnliches Zugmittel — einen berühmten Gast, oder ein neues Stück — für diesen Abend zu schaffen, so, daß das ganze Erträgniß eine solche Höhe erreichen könne, daß Carl nach Hinauszahlung der Hälfte noch immer so viel für sich erübrigen würde, als ihm eine gewöhnliche Vorstellung getragen hätte. Gleich hatte mehrere vergebliche Versuche gemacht, hatte bereits mehre Vorschläge vorgelegt, keiner aber schien Carl so viel Gewinn versprechend, um bei seiner — „Wohlthätigkeit“ nicht selbst zu kurz zu kommen!

Dies führte zuletzt zu jener Scene, deren Augenzeuge ich war, als nämlich Carl einen erneuten Vorschlag Gleich's in ziemlich barscher Weise zurückwies, und die ferneren Unterhandlungen abbrach. —

Seufzend entfernte sich der greise Volksdichter, der leider nicht mehr Erfindungsgeist genug hatte, um es einem Millionär möglich zu machen, wohlthätig zu sein! —

Doch kehren wir von dieser Episode zu dem Schauplatze von Carl's früherem Wirken, nach München, zurück.

Der erste glückliche Erfolg im komischen Fache bestimmte Carl, sich häufiger in demselben zu erproben. —

Seine nächsten Rollen dieser Art waren in den ebenfalls von Wien kommenden, und von Gleich verfaßten Stücken: „Hans in Eipeldau" Director Purzel in der Posse: „Die Kreuzerkomödie" u. m. a.

Mittlerweile hatte der Intendant, Baron de la Motte, für das erste Hoftheater, welches ebenfalls unter seiner Oberleitung stand, so bedeutende Summen aus der Staats=kasse, behufs der glänzenden Ausstattung von Schaustücken in Anspruch genommen, daß der König auf das wieder=holte Drängen des Finanzministers endlich darein willigte, den Rücktritt de la Motte's von der Intendanz zu ge=nehmigen, und das Isarthortheater dem bisherigen Regis=seur Carl in der Eigenschaft eines unumschränkten Direc=tors mit einem Regierungszuschusse von jährlichen sechs=tausend Gulden zu überlassen.

Nun arbeitete Carl mit erneueter, und um so mehr gesteigerter Thätigkeit, als es nun seine eigene Casse zu füllen galt. — Er hatte erkannt, daß der Geschmack seines Publikums sich immer mehr dem Komischen zuneigte, und war bemüht, diesem Geschmacke mit allen ihm zu Gebote stehenden Mitteln zu huldigen. Eine neue Quelle überreichen Erwerbes bot ihm Adolf Bäuerle's damals in Wien Aufsehen erregendes Volksstück: „Die Bürger von Wien," in welchem er die Rolle des Parapluimachers Staberl spielte, welche bei der ersten Aufführung in Wien von dem allgemein beliebten Komiker Ignaz Schu=ster gegeben wurde, für welchen der Verfasser sie auch berechnet hatte.

Ich habe die Leistung des letzteren nicht gesehen, kann

daher den Unterschied, welcher zwischen der Auffassung und
Darstellungsweise der beiden Komiker obwaltete, nicht nach
eigener Ansicht beurtheilen, und erlaube mir daher zu diesem Zwecke einige Stellen aus Aug. Lewald's „Aqua-
rellen" zu citiren.

Nachdem dieser Schriftsteller den Eindruck geschildert
hat, welchen ein Darsteller, den er in seiner Jugend in
Frankfurt als „Staberl" gesehen, auf ihn machte, erzählt
er, wie begierig er während seiner späteren Anwesenheit
in Wien gewesen, hier das Prototyp aller Staberln, so
zu sagen, den „Ur-Staberl", zu sehen. — Er begab sich in
das Leopoldstädter-Theater, und — doch ich will hier Lewald's eigne Worte anführen: „Und ein Männchen trat
ein, mit preciösen Knappenstiefeln, ganz ernstem Frack und
anständigem Hut in der Hand. Seine Miene war trocken,
seine Haltung Achtung erregend, sein Mund weit, und sein
Dialect breit. Es war ein Bewohner Wien's, wie man ihn
täglich auf dem Tandelmarkte, in der Kirche, Sonntag im
Wurstelbrater erblicken kann, ich selbst durfte nur den Arm
ausstrecken, um einem solchen die Hand zu drücken, der
doch noch viel echter war, als der Mann auf dem Theater,
den nichts, als das geschminkte Gesicht und ein kleiner
Höcker auszeichnete; das war Staberl nicht, nicht mein
rheinischer Staberl! Unglaublich! Und hier in seiner Va-
terstadt so entartet!"

„Durch einen seltsamen Zufall kam ich später nach
München. Ich hatte wenig von dieser Stadt gehört, weil
man damals noch wenig im übrigen Deutschland von ihr
zu sprechen pflegte. Am Abende vor meiner Abreise von

Wien sagten mir meine Freunde, es gebe keine Kaffeehäuser dort, und bedauerten mich, weil sie wußten, daß ich das südliche Kaffeehausleben sehr goutire. Was mir nun hieburch an Lebensannehmlichkeit entging, sollte mir auf andere Weise reichlich ersetzt werden. Man denke! ich sollte meinen Staberl dort finden, den echten, nicht zu verkennenden, nicht zu verläugnenden Narren, in seinem barocken Anzuge, mit der unvergleichlichen Miene, worin Dummheit und List, Gutmüthigkeit und Bosheit zu ganz gleichen Theilen den seltsamsten Contrast bildeten, mit der grotesken, hölzernen Beweglichkeit eines echten Policinell und den lustigen Scherzen, die von seiner anstoßenden Zunge gleich einer Cascade sprudelten — das war er, wie er leibte und lebte — ich erkannte ihn auf den ersten Blick wieder, und die ganz abweichende Art und Weise, wie das bei andern Erscheinungen derbe, und dabei etwas phlegmatische Publikum ihn aufnahm, wie es ihm entgegenlachte, wenn er kam, nachjauchzte, wenn er ging, bewies mir deutlich, daß er es war!"

Alle, welche Carl als Staberl selbst sahen, werden diese Schilderung Lewald's sehr getreu finden. Ja, in Carl's Staberl war der alte deutsche Hannswurst wieder erstanden!

Die ungemeinen pekuniären Erfolge, welche er schon mit der ersten Staberliade erzielte, bestimmten ihn fortwährend neue Stücke dieser Art, theils eigens für sich schreiben zu lassen, theils selbst zusammenzustellen, theils aber auch gute ältere Lustspiele, wie z. B. Goldoni's „Diener zweier Herren" gewaltsam in's Gebiet der niedern

Posse herabzuziehen, um die darin enthaltene fein komische Rolle zu der ziemlich trivialen des „Staberl" umzugestalten. So entstand bald eine ganze Bibliothek von Staberliaden, als: „Staberls Hochzeit" — „Staberls Reise=Abentheuer" — „Staberl als Freischütz" — „Staberls Haß und Quinterls Reue" (Parodie auf Kotzebue's Menschenhaß und Reue) „Staberl als Fiaker" — „Staberl als Klaubauf," (Münchner Ausdruck, welcher so viel bedeutet, als unser locales Wort „Krampus".) „Staberl als Filosof" — „Staberl als Diener zweier Herren;" u. s. w. u. s. w. und alle diese Possen trugen ungemeine Summen ein, so, daß man sagen könnte: Staberl wurde zum Zauberstabe für Carl, zur Wünschelruthe, die ihn stets neue Gold=Minen finden ließ. Minderen Gewinn hatte aber der auf den Namen „Künstler" Anspruch machende Schauspieler Carl; denn diese hundert= und abermals hundertmal wiederholten Darstellungen eines und desselben forcirt komischen Zerrbildes gaben ihm später eine Eigenthümlichkeit der Darstellungsweise, so, daß auch in andern, selbst mitunter ernsten Rollen unwillkürlich der „Staberl" durchschlug. Er that sich übrigens viel zu gute auf diesen „selbstgeschaffenen" Character, und spielte diese Rolle so gerne, daß er in seinen späteren Jahren, als der Geschmack des Publikums längst ein anderer geworden war, und er selbst, bereits gealtert, nicht mehr ganz dazu paßte, dennoch einige Male im Jahre seinen „Staberl" wieder vorführte.

Als Director des Jsarthortheaters hatte Carl eine kräftige Stütze an dem oben citirten Schriftsteller August Lewald, welcher bei ihm die Stelle eines Directions-

Secretairs einnahm. — Lewald, ein Mann von vielem
Wissen, reicher Erfahrung, und feinstem Welttone, konnte
nicht nur durch seinen Rath die ersprießlichsten Dienste
leisten, sondern auch zu wichtigen, mitunter sehr schwierigen Missionen verwendet werden; und wußte solche, selbst
wenn es galt eine Angelegenheit Carl's bei Hofe zum
Ziele zu bringen, in den meisten Fällen mit dem glücklich-
sten Erfolge auszuführen; überdies leistete er auch als
dramatischer Schriftsteller der Bühne nicht unwesentliche
Dienste. Damals scheint Carl noch bei der Wahl seiner
nächsten Umgebung die geistigen Potenzen in's Auge gefaßt zu haben, während er in spätern Jahren gerne blinde
Vollstrecker seiner Befehle um sich hatte, Leute, die es nie
wagten, andrer Meinung zu sein, als er, ihm fortwährend
das Weihrauchfaß der eckelhaftesten Schmeichelei vorschwenk-
ten, vor ihm im Staube krochen, und dafür sich mit lä-
cherlichem Dünkel und frecher Anmassung gegen das übrige
Personale benahmen. —

Wenn ich, wie ich bereits im Vorworte erwähnte,
um ein naturgetreues Bild zu entwerfen, genöthigt bin,
neben den vielen Lichtpuncten in Carl's Persönlichkeit auch
jene Stellen nicht uncopirt zu lassen, welche in Schatten
zurücktreten, so fordert es die Gerechtigkeit, auch zu erwähnen, daß manche dieser Schatten durch gewisse Personen, die zwischen Carl und seinen Theater-Mitgliedern
standen, auf ihn fielen! — Mehr über diesen Punct zu
sprechen, oder Namen zu nennen, hieße diesen letzteren In-
dividuen eine Wichtigkeit beilegen, die sie wahrlich nicht
verdienen.

Während seiner Directionsführung in München gründete Carl ein Institut, welches von seinen wohlberechnenden Speculationsgeiste Zeugniß gibt, ein Institut, das mit Verringerung seiner Auslagen zugleich eine Förderung des Theaterwesens verband, und auch bei andern größeren Bühnen nachgeahmt zu werden verdiente.

Er errichtete nämlich eine förmliche Unterrichts-Anstalt für junge Leute, welche sich der Bühne widmen wollten. Diese wurden als Eleven aufgenommen, unentgeltlich in Allem unterrichtet, worin überhaupt in Bezug auf die Darstellungskunst ein Unterricht möglich, und nur bei wirklich vorhandenem Talente ersprießlich ist; sie mußten sich aber dagegen verpflichten, schon während dieser Lehrzeit unentgeltlich in kleineren Rollen mitzuwirken, sobald sie dafür tauglich erklärt wurden, und später, wenn sie in den Rang wirklicher Schauspieler eintraten, mit einem geringeren Gehalte vorlieb zu nehmen, um gleichsam durch ihre Leistungen, den genossenen Vor-Unterricht zu bezahlen.

Hieraus erwuchs der Direction der doppelte Vortheil, daß sie nicht genöthigt war, für kleinere Rollen oft ganz untalentirte Leute zu engagiren, welche häufig störend auf die ganze Vorstellung einwirken, und daß sie bei vorkommenden Hindernissen in den Eleven gleichsam eine Reserve-Truppe hatte. — Mehre sehr verwendbare Bühnen-Künstler gingen aus dieser Schule hervor, unter ihnen auch der noch am Carl-Theater im Engagement stehende Schauspieler, Herr Gämmerler.

Durch Emsigkeit, Fleiß, klugen Haushalt, ferner durch sein eigenes Darstellungstalent hatte Carl, schon während

seiner Directionsführung in München, sich ein Vermögen
von mehr als vierzigtausend Gulden erworben, und nannte
überdies ein Haus in der Dachauerstraße, und das kleine
Landgut Berlbach sein Eigenthum.

Mit seinen Mitgliedern lebte er damals auf mehr
collegialem, freundschaftlichem Fuße; er war besorgt, dieselben für besondere Dienstleistungen zu belohnen, und ihnen
zur Erholung für ihre Anstrengungen, in seinem Hause sowohl, als auch auf dem genannten Landgute die verschie-
denartigsten Vergnügungen zu bereiten.

Sein Ruf als eine der bedeutenderen Bühnen-Erschei-
nungen fing an, sich bald durch ganz Deutschland zu ver-
breiten, und von mehren der vorzüglichsten Bühnen, wurden Einladungen zu Gastspielen an ihn gerichtet. Die ersten
derselben fanden auf den Theatern zu Hannover, Leip-
zig und Dresden mit dem glänzendsten Erfolge statt,
welcher auch seine im Jahre 1824 auf dem hiesigen k. k.
Hofburgtheater gemachten Debuts krönte.

Die Jahre 1822, 23 und 24 boten dem Director
Carl reichliche Gelegenheit, sein Talent als Arrangeur
nicht nur auf der Bühne, sondern auch bei den in München
bei besonderen Anlässen statt findenden Hof- und Volksfesten
auf das glänzendste zu bewähren. — Solche Veranlassungen
waren die Vermählung des Prinzen Johann von Sachsen und
des Kronprinzen von Preußen mit dem schönen königlichen
Schwesterpaare von Baiern, und die fünfundzwanzig-
jährige Feier der Ankunft des allgeliebten Max in
München.

Das Theater am Isarthore konnte, obgleich es damals

schon aufgehört hatte, ein Hoftheater zu sein, dennoch bei solchen Anlässen nicht zurückbleiben. Das neue Hoftheater mit seinen mächtigen Mitteln unter dem prachtliebenden Intendanten, Herrn Stich, machte die großartigsten Vorbereitungen; aber Carl ließ sich dadurch nicht abschrecken, und setzte Alles in Bewegung, um auch sein Theater im Glanze zu zeigen, zu welchem Behufe ihm der gütige König die erforderlichen Summen anweisen ließ. Das ganze Theater wurde im Innern zu einem Ballsaale eingerichtet, und dem vorhin erwähnten Secretär und Theaterdichter, Herrn Lewald, der Auftrag gegeben, ein Festspiel zu dichten, welches mitten unter den zahlreichen Gästen aufgeführt werden sollte.

Der Tag der Vermählung mit dem sächsischen Prinzen war zugleich der Geburtstag der hohen Braut, und diese schöne Doppelfeier gab Lewald den Gedanken ein, um dessen scenische Ausführung sich Carl hoch verdient machte.

Mit dem Glockenschlage zwölf, als die Menge sich in bunter Maskenfreude im Saale drängte, und die königliche Familie in der großen Mittelloge versammelt war, verstummte plötzlich die rauschende Musik des Orchesters, und man vernahm säuselnde Harfenklänge, die sich aus der Höhe herunterfenkten. Alles hob den Blick und blieb wie festgebannt, auf seinem Platze stehen. Ein Chor weiblicher Stimmen mischte sich in die Harfenklänge, und verkündete den Weihepriestern, daß der schönste, sanfteste Engel zur Erde gesendet werde, um die Menschheit zu beglücken, und daß man sich im Tempel bereit halten solle, ihn zu empfangen.

Die Musiker waren in der That in der Zelle verborgen, aus welchen an gewöhnlichen Schauspiel-Abenden der

Theaterdirector Carl.

2

mächtige Luster niedergelassen wurde, und die schön vorge-
tragene Musik machte, aus dieser Höhe herab, eine wahrhaft
zauberische Wirkung.

Der Männer = Chor der Weihepriester antwortete in
einem kurzen, kräftigen Satze aus der Vertiefung der Bühne,
wo ein misteriöser Vorhang die Sänger den Blicken entzog.

Dieser Anfang spannte schon die Erwartung der gänzlich
unvorbereiteten Menge, welche Erwartung sich noch höher
steigerte, als beide Chöre nun in einen zusammenflossen,
und die Harfen oben sich mit den andern Instrumenten
hinter dem Vorhange zu einem rauschenden Hymnus ver-
einigten, während dessen der Vorhang aufrollte, und einen
im edlen Stile gehaltenen Tempel zeigte, in welchem Ge-
nien und Amoretten Freudentänze aufführten.

Plötzlich gruppirten sich alle um ein hohes Piedestal,
auf dem sich eine colossale Blumen=Vase befand. Ein Zug
der kleinsten Amoretten umschlang mit langen Rosenketten
das Piedestal, setzte sich in Bewegung, und zog dasselbe
scheinbar, während die bewegenden Kräfte im Innern der
Maschine verborgen waren, mitten durch den weiten Saal,
durch die erstaunte Menge, welche zu beiden Seiten zurück=
wich, nach der königlichen Loge hin.

Hier hielt der Zug, und die Vase erhob sich, wie von un-
sichtbarer Macht getrieben, bis zur Höhe der Logenbrüstung.

Der König und die Königin erhoben sich von ihren
Sitzen, und beugten sich hinüber zu den Blumen; auch die
Prinzessinen thaten dies, und die hohen Herrschaften schienen im Augenblicke verlegen zu sein, welche Rollen sie in
diesem improvisirten Spiele übernehmen sollten.

Carl selbst sagte mir, als er mir einst von diesem Feste erzählte, daß es ihm in jenem Augenblicke doch fast zu dreist erschienen wäre, den König und seine Familie so eigentlich wider ihren Willen zum Mitspielen aufzufordern.

Der gutmüthige König gab jedoch in der Heiterkeit seines Herzens den gewünschten Ausschlag — er blickte die Prinzessin Braut lächelnd an, und wies mit der Hand nach den Blumen, als wollte er sagen: „Dir sind sie geweiht." Die Prinzessin beugte sich über die Blumen, da fielen plötzlich, wie durch einen Zauberschlag, Blumen und Vase auseinander, und zwei der liebenswürdigsten Kinder mit schillernden Flügeln und Rosen-Guirlanden standen auf dem Piedestale, und überreichten ein zierliches Körbchen, worin sich ein weißes Taubenpaar, und ein von Lewald verfaßtes Festgedicht befanden. Freudig überrascht nahm die Prinzessin die Täubchen aus dem Korbe, streichelte und küßte sie, und übergab sie hierauf einem Diener, um sie nach ihrem Landhause Biebenstein zu tragen.

Jubelnd wurde diese Scene aufgenommen, — doch sie war noch nicht die letzte. Plötzlich erschien nämlich die Kuppel des Tempels transparent, die Namenszüge der Neuvermählten strahlten darin im Brillantfeuer, und unter dem Gesange der Weihepriester kehrten die Amoretten mit dem Piedestale zurück, worauf das Festspiel zur allgemeinen höchsten Zufriedenheit beendigt war.

Die Feier eines andern Festes, welches zu Ehren der Vermählung des preußischen Thronerben mit der Prinzessin Elisabeth von Baiern statt finden sollte, fiel weniger freudig aus, weil der Hof an demselben Tage die Trauerkunde

2 *

erhalten hatte, daß die Schwester der Königin mit Tode abgegangen sei, und daher nicht im Theater erscheinen wollte, obwol Carl, fast allzukühn, den König durch Lewald die Bitte vortragen ließ, er möge troß dieser Trauerkunde die Erwartung des Publikums nicht durch sein Fernbleiben täuschen.

Daß Carl durch das Arrangement solcher Feste sich sowol die Gunst des lebenslustigen Münchener Publikums als auch die Huld des königlichen Hofes im hohen Grade erwarb, darf wol nicht erst erwähnt werden. Deßungeachtet aber arbeitete eine geheime Parthei gegen ihn. — Das Hoftheater, welches, wie bereits erwähnt, jährlich Unsummen von Geld aus der Staatskasse in Anspruch nahm, erblickte in dem unter Carl's rühriger Leitung stehenden, und, seitdem es mehr der komischen Muse huldigte, immer mehr besuchten Isarthortheater einen gefährlichen Rivalen, den man gerne ganz beseitigt, oder ihm wenigstens die Dotation der Regierung entzogen hätte. Wiederholt war der König schon vom Finanzminister gedrängt worden, dieses Theater gänzlich aufzulösen, indem nur dadurch das Hoftheater in den Stand gesetzt werden könne, nicht mehr so bedeutende Zuschüsse aus der Staatskasse beanspruchen zu müssen — ja, es war einmal schon das betreffende Decret ausgefertigt, um dem Könige zur Unterschrift vorgelegt zu werden; allein Carl, welcher noch zur rechten Zeit davon Kunde erhalten hatte, wußte durch seine Gönner am Hofe, Herrn Grafen von Rechberg und die Gräfin von X...., den König so zu stimmen, daß er die Unterschrift verweigerte. In dieser Angelegenheit hatte Lewald eine beinahe diplomatische Mission mit dem gewünschten Erfolge vollzogen.

II.

Carl's Gastspiel mit seiner Münchener Gesellschaft in Wien.

Nichts desto weniger fühlte Carl den Boden unter sich immer mehr schwanken, aber, es bot sich ihm stets, wie wir im Verlaufe dieser Lebensgeschichte noch öfter sehen werden, so oft irgend eine Verlegenheit drohte, rechtzeitig eine andere Gelegenheit dar, die ihn nicht nur rettete, sondern ihm auch neue Quellen noch reichlicheren Gewinnes eröffnete. Freilich gehörte Carl's Scharfblick dazu, diese Gelegenheiten sogleich wahrzunehmen, und sein Muth, das Neue auch dann zu unternehmen, wenngleich Anfangs der Erfolg noch mehr als zweifelhaft genannt werden konnte.

So war es auch damals; gerade, als seine Feinde immer mehr Boden zu gewinnen drohten, erfuhr Carl von einer dem Theater an der Wien bevorstehenden Krisis. Dieses Theater stand damals unter der Leitung des vielleicht allzugroßmüthigen und splendiden Grafen Ferdinand von Palfy. — Alle Wiener, welche die erste Hälfte ihres Lebens bereits zurückgelegt haben, werden sich noch mit Entzücken jener Pracht - Vorstellungen, jener feenhaften Ausstattungen erinnern, welche unter Palfy's Leitung das Theater

an der Wien zu einem wahren Tempel des edelsten Kunst=
genusses machten.

Zu dieser Zeit war es, als ich, damals noch ein acht=
jähriger Knabe, zum ersten Male von meinem Vater in die=
ses Theater geführt wurde. Ich hatte überhaupt noch nie
ein Theater gesehen, und war daher schon vom Anblicke
des äußern reichgeschmückten, von Menschen in allen Räu=
men überfüllten Schauplatzes überwältigt; — die herrliche
Musik, welche von dem trefflich besetzten Orchester erschallte,
mehrte mein Entzücken, und als nun erst der Vorhang in
die Höhe ging, und das mit zauberisch blendender Pracht
in die Scene gesetzte Kinderballet: „Die Prinzessin von
Bulgarien" begann, hielt ich es fast für unmöglich, daß
diese vor meinen Augen hinschwebenden glänzenden Gestal=
ten wirkliche Menschenkinder sein sollten! — Ich wähnte
in eine andere Welt versetzt zu sein — und verließ nach
beendigter Vorstellung in freudiger, aber beinahe fieberhaf=
ter Aufregung das Theater, bedauernd, daß das Schau=
spiel nur so kurze Zeit gedauert hatte. Ich weiß mich noch
lebhaft zu erinnern, daß ich die ganze Nacht nicht schlafen
konnte, und nichts sehnlicher wünschte, als eines von jenen
Kindern zu sein, welche so glücklich waren, täglich in so
herrlichen Gewändern bei den Tönen der wundervollsten
Musik ihren Reigen zu schlingen. — Gewiß, dieser Abend
hatte in meine Brust den Keim jenes Dranges gelegt, wel=
cher mich in meinen ersten Jünglingsjahren unwiderstehlich
antrieb, mit einem Theater in Verbindung zu treten, und
für dasselbe wirken zu können. Ich werde später noch An=
laß finden, auf diese meine Vorliebe zum Theater — in=

soferne sie mit meinem vorliegenden Stoffe in Zusammen=
hang steht — zu sprechen zu kommen.

Außer dem Ballete cultivirte Graf Palsy auch die
Oper und das höhere Schau= und Trauerspiel, nicht nur
mit ästhetischem Geschmacke, sondern auch mit solcher Mu=
nisizenz, daß eben die letztere, verbunden mit anderweitigen
kostspieligen Leidenschaften, endlich seine Vermögens = Ver=
hältnisse zerrüttet, und ihn — das Aergste, was einem Büh=
nenleiter geschehen kann — zum Schuldner seiner eignen
Mitglieder, gemacht hatte, welchen er zuletzt nicht einmal
mehr ihre Gagen bezahlen konnte!

Von diesem Stande der Dinge hatte nun Carl Kennt=
niß erhalten, und, sogleich einen kühnen Gedanken erfas=
send, beschloß er, als kluger Feldherr, zuerst das Terrain
zu recognosciren, ehe er einen weiteren Operations = Plan
entwarf.

Er unternahm daher zuerst nur in Begleitung sei=
ner Frau eine Reise nach Wien, um im Theater an der
Wien einen Gastrollen=Cyclus zu beginnen. Er selbst trat
hier nur im Schau= und Lustspiele auf, seine Frau als
Bertha in Grillparzer's „Ahnfrau", in den Titelrollen von
Kleist's: „Käthchen von Heilbronn", Körner's „Hed=
wig" u. a. Beide gefielen hier eben so, wie bei ihrem frü=
heren Gastspiele im Hofburgtheater, und Carl schloß wäh=
rend dieser Zeit einen Vertrag auf Gastspiele seiner gan=
zen Münchener Gesellschaft für die Monate August und
September des Jahres 1825 ab.

Als Carl wieder nach München zurückgekehrt war,
drohte in seiner Künstlergesellschaft eine bedeutende Lücke zu

entstehen, indem der für Helden= und Liebhaberrollen verwen=
dete, nachmalige königlich würtembergische Hofschauspieler,
Herr Moriz, sein Engagement kündete, um zum Hofthea=
ter überzutreten. Aber auch in dieser Verlegenheit bot das
Glück seinem Günstlinge sogleich einen reichen Ersatz; —
es kam nämlich eben zu jener Zeit der Heldendarsteller
Wilhelm Kunst nach München, und wurde von Carl
zuerst für Gastspiele gewonnen.

Wenn irgend ein Bühnenkünstler von der Natur selbst
zur Repräsentirung heroischer Charactere geschaffen schien,
so war es Wilhelm Kunst, damals in der ersten Blü=
the seiner Jugend. Eine herrliche imponirende Gestalt, eine
ausdrucksvolle Fisiognomie, ein in allen Tonlagen schön
klingendes Organ, eine natürliche Noblesse in seinen Be=
wegungen, ein beinahe wildes Feuer der Begeisterung be=
fähigte ihn, mehr als irgend einen Mimen, zu den herrlich=
sten Leistungen. Sein Auftreten electrisirte schon das Pub=
likum, und an Abenden, an welchen ihn nicht andere Ein=
flüsse aus der nöthigen Stimmung gebracht hatten, riß er
die Zuhörer allgewaltig mit sich fort, und zwang sie zu
Beifallsbezeigungen, wie solche nur die durch eine meister=
hafte Darstellung erweckte Begeisterung kund geben kann.

Wie überall, so entzückte auch in München schon sein
erstes Gastspiel das Publikum. Carl erkannte in ihm den
Magnet, den er für das Schauspiel benöthigte, und un=
terhandelte sofort mit ihm wegen eines dauernden Engage=
ments. Nach längerem Mäkeln von beiden Seiten kamen
sie endlich dahin überein, daß Kunst sich zu einem firen
Engagement nicht nur für München, sondern auch für die

Gaſtſpiele am Theater an der Wien herbeiließ, wofür ihm
Director Carl die in damaliger Zeit ſehr hohe Gage von
jährlich eintauſend ſechshundert Gulden, und noch überdies
ein Honorar von fünf Gulden für jeden Abend, an wel=
chem er beſchäftigt war, zuſicherte. Dieſe Gage galt aber
nur für München, für Wien wurde ſie auf zweitauſend
vierhundert Gulden erhöht.

Nun rückte die Zeit des Geſammtgaſtſpieles heran.
Carl fuhr mit ſeiner Frau und deren Schweſter, der
Sängerin und Schauſpielerin, Madame Flerr, mit Extra
Poſt nach Wien voran; für die Geſellſchaft aber hatte er
drei große Flöße bauen laſſen, von welchem eines für das
männliche, das zweite für das weibliche Perſonale, das
dritte aber zur Transportirung der Gepäcke beſtimmt war.
Beide erſteren Flöße waren mit Zelten verſehen, und mit
Fahnen von den bairiſchen Landesfarben, weiß und blau, ge=
ſchmückt. Das Commando der ganzen, etwas abentheuerli=
chen Expedition war in die Hände des Caſſiers, Herrn
Johann Held gelegt, die Ueberwachung der Gepäcke
auf dem dritten Floße dem Theatermeiſter, Herrn Suß=
bauer, von welchem wir weiter unten noch ein Mehres zu
erwähnen haben, anvertraut.

Am neunten Auguſt 1825, früh Morgens um fünf
Uhr, beſtieg die ganze Geſellſchaft in der heiterſten Stim=
mung die Flöße, und ſchwamm auf dieſen die Iſar hinab.
Unter der Geſellſchaft befanden ſich damals die Herren
Heigel, Haag, Kunſt, Deſſoir, Gaemmerler,
Holzapfel, ferner die Damen Nina Schlotthauer
und Nina Steiner.

Die lustige Künstlerfahrt wurde nur durch einen Un=
fall getrübt, welcher für K u n st von größter Gefahr war.
Nachdem die Gesellschaft nämlich sowohl bei ihrer Abfahrt
von München, als' auch in Landshut von der dortigen
Studentenschaft mit Pöllerschüssen begrüßt worden war,
welche die Schauspieler nur mit Schüssen aus den unter
den Theaterwaffen befindlichen Flinten erwiedern konnten,
kaufte K u n st in einem der Stationsplätze, an welchen sie
gelandet waren, zwei kleine Kanonen, welche sofort auf
die Flöße gebracht, und von ihm und G ä m m e r l e r be=
dient, wiederholt abgefeuert wurden, zum lauten Ergötzen
der Gesellschaft, die dem von den Gebirgen des Ufers zu=
rückhallenden Echo zujubelte. — Plötzlich versagte aber
die von K u n st bediente Kanone; nach mehreren ver=
geblichen Versuchen, sie abzufeuern, wollte man die La=
dung herausnehmen, und in Verwirrung oder Zerstreut=
heit fuhr K u n st mit seiner noch brennenden Lunte in die
Mündung. — Der Schuß ging los, und zerriß K u n st's
Hand derart, daß er ohnmächtig zu Boden stürzte, und
lange Zeit besinnungslos blieb, bis man ihn endlich mit
einem kleinen Kahne an's Ufer brachte, wo ein herbeige=
rufner Wundarzt die Wunde untersuchte, und seinen Colle=
gen die Beruhigung gab, daß dieselbe nur eine Fleischwunde,
und somit für den ferneren Gebrauch der Hand nicht ge=
fährlich sei.

Am 16. August gegen zehn Uhr Vormittags landete
die Gesellschaft am sogenannten Schanzel in Wien, und
schon am 19. August — einem Sonnabende — fand die
erste Gastvorstellung statt.

Die weiten Räume des Theaters an der Wien waren
von Schaulustigen überfüllt. Der Vorhang erhob sich; sämmt=
liche Münchener Gäste standen in Festkleidern, die Damen
rechts, die Herren links, auf der Bühne; Carl erschien in
der Mitte, und sprach, nachdem er vom Publikum mit leb=
haftem Applause begrüßt worden war, folgenden, von Cae=
sar Max Heigel gedichteten Prolog:

Mit Lust erscheinen wir — mit leisem Beben,
Entscheidend rückt der Augenblick heran,
Wir sah'n vor uns das Ziel so lockend schweben,
Die Kaiserstadt zog uns so mächtig an —
Da sinkt der Muth — nur Eines kann ihn heben,
Nur Eines löst des bangen Zweifels Bann:
Wenn Strenge nicht, wenn Nachsicht hier nur waltet,
Und Ihre Huld den zarten Keim entfaltet.

Denn schüchtern schwanket noch die fremde Pflanze,
Aus einem Nachbarland herbeigebracht,
Kein Blümchen, nur ein Blatt zum schönen Kranze,
Der längst hier prangt in reicher Farbenpracht.
Erhält sie sich auch wol bei diesem Glanze?
Wer ist es, der vor Stürmen sie bewacht?
Wenn Sie ihr gütig Ihre Pflege weihen,
So wird sie bald in voller Kraft gedeihen!

Und wer — wer dürfte hier noch Zweifel wagen?
Kenn ich denn nicht dies hochgepries'ne Land?
Ist mir nicht selbst aus frühern, schönen Tagen
Der güt'ge Sinn des edlen Volks bekannt?
Sie werden, was wir bitten, nicht versagen,
Oh! reichen Sie uns schützend Ihre Hand!
Groß ist's, dem Fremden gütig sich zu zeigen,
Und jedes Große war stets Ihnen eigen!

Dies Hoffen wird begeisternd uns umschweben,
Vertrauend jeder seine Gabe bringt;
Kein Einzelner will hier sich stolz erheben,
Wenn nur das schöne Ganze uns gelingt;
Ein Wille herrscht in jeder Brust, Ein Streben,
Da jeder nach demselben Ziele ringt:
Hier gilt es Ihren Beifall zu gewinnen,
Und muthig wollen wir das Werk beginnen!

Nach diesem Prologe, welcher mit donnerndem Applause aufgenommen wurde, sank der Vorhang wieder, und bald darauf begann die Vorstellung des damals sehr wirksamen Ritterschauspieles: „Die Räuber auf Maria Culm", worin Carl den Räuberhauptmann Kurt gab.

Auch Kunst hatte eine bedeutende Rolle in dem Stücke; da er aber in Folge des oben erwähnten Vorfalles die Hand noch in der Schlinge tragen mußte, so hatte Carl, um die Aufführung des Stückes nicht verschieben zu müssen, in aller Eile von dem als Theaterdichter angestellten C. M. Heigel eine neue Einleitungsscene schreiben lassen, worin erwähnt wurde, daß der Ritter, welchen Kunst darzustellen hatte, in einem Handgemenge verwundet worden sei; und somit bot dann Kunst's Erscheinen mit verbundener Hand keinen die Illusion störenden Anblick.

Carl war überhaupt nie um eine rasche Aushilfe verlegen, namentlich, wenn es weiter nichts galt, als mitunter sehr eigenmächtige Abänderungen in einem Stücke vorzunehmen, oder vom Nächstbesten vornehmen zu lassen. Das Recht, welches der ursprüngliche Verfasser an seinem Stücke hatte, galt ihm unter allen Umständen nichts. Sobald er das nie splendide Honorar für ein solches bezahlt hatte, bedachte er niemals, daß er dadurch nur das Recht erworben habe, das Stück auf seiner Bühne aufzuführen, sondern er wähnte sich ermächtigt, damit nach Willführ schalten und walten zu dürfen; er strich unbarmherzig darauf los, änderte sogar ganze Scenen, machte, wenn er der Besetzung wegen verlegen war, aus einer Männer-Rolle eine Frauen-Rolle, kurz er verfuhr so damit, daß der Verfasser oft, wenn es zur Aufführung kam, sein eigenes Stück nicht mehr erkannte. Doch ich werde noch später, auf dieses Gebahren zurückzukommen, Gelegenheit genug finden.

Die erste Gastvorstellung der Gesellschaft wurde sehr beifällig aufgenommen, und drei Mal wiederholt. Hierauf kam das Lustspiel: „Der junge Herr auf Reisen" zur Aufführung, worin Herr und Madame Carl die Hauptrolle hatten, und welches sechsundzwanzig Vorstellungen erlebte;

Dann erst rückte Carl mit seinem „Staberl" hervor, er hatte zu diesem Zwecke die Posse: „Doctor Faust's Mantel" zur Staberliade umgewandelt, und ihr den Titel: „Staberl in Floribus" beigelegt. Auch hier drang er mit seiner vis comica entschieden durch, und Staberl wurde in Wien ein Liebling des lachlustigen Publikums, wie er es in München gewesen war. Abwechselnd mit diesen Possen spielte Kunst in ernsten, theils classischen, theils nur effectreichen Stücken, und füllte jedesmal das Haus.

So rückte der neunte Oktober heran, an welchem die Urlaubszeit, welche Carl und seinen Mitgliedern vom bairischen Hofe bewilligt war, zu Ende ging; allein Carl hatte zu gute Geschäfte gemacht, um jetzt schon den so ergiebigen Boden des Theaters an der Wien verlassen zu wollen. Er suchte daher schriftlich um eine Verlängerung des Urlaubes auf weitere drei Monate an, welche ihm auch bewilligt wurde. — Uebrigens setzte er die Gastspiele nicht ohne ärgerliche Zwischenfälle fort.

Er hatte nämlich, um hier sein Personale noch zu complettiren, auch einige Mitglieder der ehemals Palfy'schen Gesellschaft engagirt. — Diese, welche zum Theile noch Gläubiger Palfy's waren, machten ihre Forderungen immer bringender geltend, schritten zuletzt sogar zu Executions-Mitteln, und ließen die Theater-Garderobe, welche Palfy's Eigenthum war, als Pfand unter enge Sperre legen. Durch solche unliebsame Zwischenfälle wurde Carl öfter an der ununterbrochnen Fortsetzung seiner Gastspiele gehindert, und es kostete Anstrengungen aller Art, um die ungestümen Dränger wieder zu beschwichtigen.

Am 12. Oktober 1825 war der Namenstag des all-verehrten und geliebten Königs Max von Baiern. Um die-sen Tag auch hier in Wien festlich zu begehen, veranstaltete Carl in seiner Wohnung im ersten Stockwerke des Thea-ters an der Wien einen großen Ball, wozu sämmtliche Mit-glieder seiner Gesellschaft geladen waren. Bei vollen Cham-pagner-Gläsern wurden wiederholt Toaste auf das Wohl des Königs gebracht; alles war voll Lust und Freude, denn Niemand ahnte, daß an demselben Tage, der gute König, auf dessen Wohl sie jubelnd ihre Gläser leerten, sanft und für immer entschlummert war!

Erst am 23. Oktober erhielt Carl die Kunde von diesem traurigen Ereignisse, welches namentlich für ihn und seine künftige Stellung von bedeutendem Einflusse war.

Der bairische Thronfolger, König Ludwig, machte gleich beim Beginne seiner Regierung nach allen Richtungen hin, weise Einschränkungen; es war also seinen Räthen leicht, ihn darauf hinzuleiten, daß die Dotation von jährlichen sechstausend Gulden, welche Carl als Director des Isarthortheaters bezog, um so mehr eine verschwenderische Ausgabe von Seite der Staatskasse wäre, als es notorisch bekannt war, daß das Erträgniß dieses Theaters den Vorstand desselben in kurzer Zeit schon zum reichen Manne gemacht hatte. Man kann es demnach wirklich nur gerecht von Seite des Königs finden, daß er nicht nur diese Dotation einstellen, sondern im Gegentheil für die Ueberlassung des genannten Theates noch einen Pacht von 6000 Gulden fordern ließ.

Wer Carl jemals gekannt hat, wird es begreifen, daß ihm diese Proposition eben nicht erfreulich klang. Statt sechstausend Gulden jährlich von der Regierung zu erhalten, sechstausend Gulden zu zahlen — das war allerdings ein sehr unangenehmer Tausch, und so ganz gegen Carl's „Prinzip!" — Er machte auch schriftliche Gegenvorstellungen; es wurden Unterhandlungen eingeleitet, und während diese im Gange waren, der Urlaub wieder auf weitere drei Monate ausgedehnt.

Während dieser Zeit erneuten sich abermals die Mißhelligkeiten zwischen Palsy und seinen ehemaligen Mitgliedern, welche von ihrem Rechte in Bezug auf Pfändung der zur Fortsetzung der Vorstellungen nöthigen Effecten nur unter der Bedingung keinen Gebrauch zu machen versprachen, wenn Carl das Theater an der Wien förmlich als Director in Pacht nähme. Hiezu konnte sich Carl, der, wie bereits erwähnt, sammt seiner Frau noch beim Münchner Hoftheater in der Eigenschaft als Schauspieler im Engagement stand, nicht verpflichten, und somit wurden die Gastvorstellungen mit Ende März 1826 geschlossen, nachdem sie Carl einen reinen Gewinn von acht= und vierzigtausend Gulden eingetragen hatten. Er stellte es nun seinen Münchner Mitgliedern frei, ob sie auf seine Kosten wieder nach München zurückkehren, oder, mit einer Sustentations=Gage hier in Wien verbleibend, die Entscheidung seiner noch immer schwebenden Angelegenheit abwarten wollten.

Alle Mitglieder, mit Ausnahme Gaemmerler's, zogen es vor, nach München zurückzukehren; Carl und seine Frau blieben noch zurück, bis endlich ersterer in Begleitung Gaemmerler's auch nach München reiste, um die so lange ausbleibende Entscheidung persönlich zu betreiben. Seine Absicht war, entweder die Leitung des Isarthortheaters unter den früheren Bedingungen wieder zu erhalten, oder seine und seiner Frau Pensionirung vom Hoftheater durchzusetzen.

Der erstere Antrag wurde entschieden zurückgewiesen, die Annahme des zweiten aber, die Pensionirung nämlich, selbst von seinen Feinden bevorwortet, da diese nichts sehnlicher wünschten, als den dem Hoftheater so gefährlichen Rivalen für immer entfernt zu sehen.

Und so erhielt Carl mit Anfang des Monats August 1826 das königliche Dekret, welches ihm und seiner Frau eine jährliche Pension von dreitausend Gulden in Silber zusicherte, noch dazu mit der bei anderen Pensionen nicht üblichen Erlaubniß, diese Pension auch außerhalb des Landes beziehen zu dürfen.

.

III.

Carl als Pächter des Theaters an der Wien. — sein Gesellschaftsvertrag mit den Hensler'schen Erben. — Scholz. — Nestroy.

Schon am 8. August reiste Carl wieder nach Wien zurück, schloß mit dem Grafen Palffy einen förmlichen Pachtvertrag, und sandte alsogleich den Auftrag an den Regisseur
Herrn Haag: mit den noch in München verweilenden Mitgliedern seiner Gesellschaft ihm so rasch als möglich nach
Wien zu folgen.

Diese Reise wurde abermals auf Flößen gemacht, doch
war diesmal der Cassier, Herr Held, und Fräulein Schlotthauer durch Krankheiten verhindert, dem Rufe ihres Directors sogleich Folge zu leisten.

Die Vorstellungen, welche Carl nun nicht mehr als
Gast, sondern als wirklicher Director des Theaters an der
Wien leitete, fanden denselben häufigen Besuch, dieselbe
Theilnahme und den gleichen Beifall, wie die früheren Gast-
vorstellungen. Schon wähnte man nun alle Hindernisse ge-
hoben, und sah einem geregelten ruhigen Fortgange des
Geschäftes entgegen, als neuerdings eine noch mehr Gefahr
drohende Störung eintrat.

Der hartnäckigste, unerbittlichste Gläubiger des Grafen

Palfy, der damals berühmte Decorations=Maler N e e f e, focht nämlich den zwischen C a r l und Palfy geschlossenen Pachtvertrag als eigenmächtig und widerrechtlich an, leitete einen Prozeß ein, und bewirkte auf gerichtlichem Wege die vorläufige Suspension der Vorstellungen, bis zum Ausgange des Prozesses.

C a r l's Lage war nun allerdings eine sehr prekäre. Es blieben ihm nur zwei Wege offen: entweder sein ganzes Personale augenblicklich zu entlassen, wozu ihm laut eines Paragrafes der mit demselben geschlossenen Contracte bei Auflösung der Directionsführung allerdings das Recht zustand; oder die Gagen aus Eigenem fortzuzahlen, und zuzuwarten, bis der Prozeß, der aber vielleicht jahrelang dauern konnte, seinem Ende zugeführt wäre.

Es schien Eines so gewagt, wie das Andere; allein C a r l fand bald einen glücklichen Ausweg. Der frühere Director des Josefstädter Theaters, Herr H e n s l e r, war im Herbste des Jahres 1826 mit Tod abgegangen, und die Leitung dieser Bühne ging auf die Erbin desselben, Frau Josefine Edle von S c h e i d l i n, über, welche sie unterstützt von ihrem Gemale, Herrn Sigmund Edlen von S c h e i d l i n, mit geschickter Hand führte.

Dieser, nicht, wie manche irrig glauben, dem Director C a r l, haben wir es zu verdanken, daß wir den Heroen aller Komiker, den unverwüstlichen W e n z e l S c h o l z, schon seit dem Jahre 1826 als einen Liebling aller Wiener auf unseren Bühnen bewundern können. Das Scheidlin'sche Ehepaar vermochte nämlich diesen ausgezeichneten Künstler, welcher früher beim Grazer Theater in Engagement stand, da=

zu, mit ihnen einen Vertrag für Wien zu schließen, welcher
zu Ostern 1826 in Wirksamkeit trat.

Carl setzte nun die äußerste Anstrengung daran, um
mit Herrn und Frau von Scheiblin einen Gesellschaftsvertrag zu Stande zu bringen, nicht nur für das Josefstädter
Theater, sondern auch für das Theater an der Wien, wenn
es ihm nämlich wieder zur Verfügung gestellt sein würde.
Da aber das letztere noch sehr in Frage stand, so konnten sich
die Eigenthümer des Josefstädter Theaters schwer entschließen,
einen Gesellschaftsvertrag mit Carl einzugehen. — Allein
letzterer bot all' seine Uiberredungskraft, all' seine Liebenswürdigkeit, die er bei solchen Anläßen im hohen Grade zu
entwickeln verstand, auf, und so kam es, daß schon acht
Tage nach der ersten Unterredung der Vertrag in der That
von beiden Theilen unterfertigt war.

Carl spielte nun im Vereine mit seiner Gesellschaft
und den Mitgliedern des Josefstädter Theaters auf letzterer
Bühne, und erzielte durch die Mannigfaltigkeit der Vorstellungen, welche er mit so zahlreichem Personale veran-
stalten konnte, so reiche Einnahmen, daß Frau von Scheiblin es nicht bereuen durfte, mit ihm in Compagnie ge-
treten zu sein.

Kurz nach dem Abschlusse dieses Vertrages traf der
mittlerweile genesene Cassier, Herr Held, in Wien ein, und
brachte die Nachricht, daß Fräulein Schlotthauer in
München an gebrochnem Herzen gestorben sei. Ihre Tochter,
welche nunmehr unter dem Namen Andriani, als eine der
Universal-Erbinen des Carl'schen Nachlasses erscheint, war
damals ein und ein halbes Jahr alt. Mittlerweile führte auch der

Prozeß zwischen Palfy und seinen Gläubigern zu einem güt-
lichen Vergleiche, indem die beiden Parteien dahin überein-
kamen, daß das Theater an der Wien ausgespielt, von dem
Erlös die Gläubiger befriedigt, und der verbleibende Rest dem
Grafen Palfy hinausgezahlt werden sollte.

Bis zum Vollzug dieser Ausspielung — die für den
Monat Juli 1827 anberaumt war — trat Palfy wieder
provisorisch in seine Rechte als Eigenthümer, und die Pacht-
Vorstellungen wurden im Jänner 1827 nunmehr unter der
Firma: „Carl und Compagnie" eröffnet.

Das Scheiblin'sche Ehepaar, welches sich von Carl's
Befähigung als Bühnenleiter hinlänglich überzeugt hatte,
überließ ihm unbeschränkt die Leitung beider Bühnen, und
so dirigirte Carl zum ersten Male zwei Theater zugleich,
und hatte durch den Gesellschaftsvertrag auch das Glück,
den Komiker Scholz, welcher seine magnetische Anziehungskraft auf das Publikum immer mehr bewährte, und
durch dessen ausgezeichnete Leistungen so manches Stück,
das ohne ihn gewiß zu Grabe getragen worden wäre, zum
Cassa-Stücke wurde, noch dazu gegen eine im Verhältnisse
zu dem Verdienste sehr geringe Bezahlung, seinen Mitgliedern beizählen zu können.

Es klingt beinahe unglaublich, daß Scholz, eine der
festesten Säulen der Carl'schen Institute, der Liebling des
Publikums, der durch sein Wirken jährlich Tausende eintrug, noch bis vor drei Jahren keinen höheren Gehalt, als
jährlich eintausend sechs hundert Gulden bezog! —
Daß er so lange in einem für ihn wenigstens in pekuniä-
rer Beziehung so undankbaren Engagement verblieb, läßt

sich nur dadurch erklären, daß Carl jede momentane Verlegenheit des Künstlers mit schlauer kaufmännischer Berechnung zu seinem eigenen Vortheile auszubeuten wußte, indem er für augenblickliche Aushilfsleistung stets die Verlängerung des Vertrages unter gleichen, oder nur um ein Ge-
ringes verbesserten Verhältnissen zu erzielen wußte.

Carl scheint bei Abfassung seines letzten Willens selbst
erkannt zu haben, wie sehr der ihm so nützliche, so gewinn-
bringende Darsteller durch eine Reihe von achtundzwanzig
Jahren in seinem wohlverdienten Erwerbe zu kurz gekommen
sei, indem er unter allen seinen Mitgliedern Scholz allein
bedachte, und für ihn eine Pension von jährlichen sechshundert Gulden bestimmte, deren Hälfte nach dem Ableben
des Künstlers auf seine gegenwärtig noch junge Frau über-
zugehen hat.

So wie die erste Acquisition Scholz's nicht zu Carl's
Verdiensten gerechnet werden darf, ebenso ist es nicht sei-
nem Verdienste, sondern vielmehr einem äußerst glücklichen
Zufalle zu verdanken, daß wir den Komiker und Dichter,
Herrn Nestroy in unserer Mitte besitzen.

Letzterer war nämlich, ohne von Carl oder einer andern Bühne eine Einladung erhalten zu haben, im Jahre
1831 zufällig von Grätz, wo er als Komiker engagirt war,
und auch schon als Volksdichter seine ersten Lorbeern er-
rungen hatte, nach Wien gereist. Zu derselben Zeit hatte
Carl seinem Secretär, Herrn Josef Franz, ein Benefice im
Josefstädter Theater bewilligt. Dieser kam nun auf den
glücklichen Einfall, den eben hier anwesenden Komiker Nestroy zu bitten, bei dieser Vorstellung als Gast mitzu-

wirken. Nestroy, wie immer gefällig, und bereitwillig, jedem eine hilfreiche Hand zu bieten, sagte zu, und so trat er, im Monate März 1831 zum ersten Male, in Wien als Gast, und zwar als Sansquartiere in dem nach Angely bearbeiteten Singspiele: „Die zwölf Mädchen in Uniform", und als Adam in der Operette: „Der Dorfbarbier" auf.

Der glänzende Erfolg, welchen sowohl Nestroy, als auch die mit ihm zugleich gastirende Sängerin, Fräulein Weiler, ebenfalls vom Gratzer Theater, in diesem ersten Gastspiele hatten, machte erst Carl auf beide aufmerksam, und er trug ihnen Engagements bei seinen Bühnen an. Nestroy jedoch ließ sich für den Augenblick in keine weiteren Unterhandlungen ein, da er und Fräulein Weiler noch für einige Monate durch Verträge in Gratz gebunden waren; allein er versprach, sobald diese gänzlich erfüllt sein würden, wieder nach Wien zurückzukommen, und dann auf Carl's Anträge weiter einzugehen.

Er hielt auch Wort, traf Ende August abermals hier ein, und stellte nun seine Bedingungen. Carl fand diese zu hoch geschraubt, wollte mäkeln und feilschen, allein Nestroy, dem bereits auch von Seite des Operntheaters nächst dem Kärnthnerthore ein Antrag zu einem Engagement als Buffo zugekommen war, wich kein Haar breit von seinen Forderungen. — Die Unterhandlung zerschlug sich; Nestroy verließ Carl, und ging geraden Wegs dem Operntheater zu, um dort den Contract zu unterschreiben.

Unmittelbar, nachdem er sich entfernt hatte, erfuhr Carl erst, daß auch das Kärthnerthortheater auf Nestroy und Fräulein Weiler reflectire; dies brachte ihn sogleich zu andrer Gesinnung. Augenblicklich wurde der Secretär beauftragt, sich so sehr als möglich zu beeilen, um Ne= stroy noch einzuholen, und Alles aufzubieten, — den so eilig fortfliegenden Goldvogel zurückzubringen. Der Secretär setzte sich auch alsogleich in Galopp, — rannte, was er konnte ereilte Nestroy glücklich noch auf der Brücke, welche zum Kärnthnerthore führt, ließ ihn nicht mehr aus, sagte ihm, daß Carl auf alle gestellten Bedingungen eingehe, und schätzte sich überaus glücklich, als es ihm wirklich gelang, ihn wieder in die Wohnung des Directors zurückzuführen, wo sofort der Contract unterschrieben wurde. Es war dies am 23. August 1831.

Der geneigte Leser wird, nachdem er von diesen Ma= noeuvres Carl's Kenntniß genommen, sich dem Glauben hingeben, daß Nestroy so außergewöhnliche, vielleicht sogar unbillige Bedingnisse gestellte habe, daß Carl sich besinnen mußte, darauf einzugehen. Um also von diesem irrigen Glauben zurückzubringen, muß ich anführen, daß Nestroy damals nicht mehr, als einen Jahresgehalt von zwölfhundert Gulden beanspruchte. — Ja, ein Nestroy begehrte nur zwölfhundert Gulden, und Carl konnte sich noch besinnen, konnte noch herabhandeln wollen!!

Freilich blieb Nestroy nicht so lange, als sein Col= lege Scholz unter so ungünstigen Verhältnissen; denn er bot dem Director keinen Anlaß, aus seinen Verlegenheiten Nutzen zu ziehen, und daher blieb stets er derjenige, der bei erneueten Verträgen Bedingungen dictiren konnte, welche Carl nolens volens annehmen mußte, wenn er nicht seinem Gebäude eine der mächtigsten Stützen entziehen wollte.

Obgleich nun Carl sowohl für das Schauspiel, als für die Posse ein Ensemble von darstellenden Künstlern besaß, welches mehr als zureichte, um auf zwei Bühnen gerundete und tadellose Vorstellungen geben zu können, so wollte sich doch das Josefstädter Theater keines genügenden Besuches erfreuen, und dies war der Grund, warum er dasselbe im Jahre 1832, mit Zustimmung seiner Compagnons, dem damaligen Regisseur Fischer überließ, und alle seine Kräfte für das Theater an der Wien concentrirte.

In diese Zeit fällt auch mein erstes Zusammentreffen mit Director Carl, mit dem Manne, der seit diesem Augenblicke den größten, mitunter günstigen, oft aber auch, wie ich später beweisen werde, nachtheiligen Einfluß auf mein Leben und Streben ausübte.

Man möge es mir nicht als Selbstüberschätzung deuten, wenn ich bei der Erzählung von hierher gehörigen Vorgängen und Ereignissen, die mich selbst betreffen, länger verweile. — Obgleich ich es gerne gestehe, daß es für mich einen besonderen Reiz hat, mich in den ersten Erinnerungen der an Illusionen so reichen, und darum so glücklichen Jugend zu ergehen: so ist es doch nicht dies, sondern vielmehr eine moralische Nöthigung, die mich bestimmt, hier die Gelegenheit zu ergreifen, um mich vor denjenigen, welche vielleicht meine späteren Leistungen einiger Aufmerksamkeit würdigten, über so Manches zu rechtfertigen, indem ich hievon die veranlassenden Thatsachen und Verhältnisse mittheile. Ich habe schon oben erzählt, welchen Ein-

druck die erste Theater-Vorstellung auf mich, als achtjäh-
rigen Knaben machte. Dieser Eindruck war ein nachhalti-
ger, denn meine Sehnsucht, mich an ähnlichen Schauspie-
len zu weiden, wuchs mit jedem Jahre; leider aber konnte
ich sie nur selten, im Jahre höchstens zwei Mal, befriedi-
gen. Mein Vater war ein im Catastral-Bureau angestell-
ter Offizier, und mußte von seinem nicht bedeutenden Gehalte seine Frau und fünf Kinder erhalten, ließ seine vier
Söhne, so schwere Opfer es ihm auch kostete, die höheren Studien zurücklegen, und konnte somit sehr wenig erübrigen, um uns kostspielige Unterhaltungen zu bereiten. —
So kam es, daß ich nur nach jedem Jahressemester, zum
Lohne für eine mit erfreulichem Erfolge abgelegte Prü-
fung, einmal in Begleitung meiner Mutter, oder eines
meiner älteren Brüder das Theater, und zwar immer das
unserer Wohnung zunächst gelegene an der Wien, besuchen
durfte. Je seltner mir aber dieser Genuß gewährt wurde,
um so mehr Reiz hatte er für mich; mir erschien die
Bühne, wie eine höhere Welt, als ein Tempel dem ich mich
nur mit einer gewissen, beinahe andächtigen Scheu näherte.

Ich muß jedoch ausdrücklich erwähnen, daß ich, so oft es
mir gestattet wurde, das Theater zu besuchen, stets ein Schau-
oder Trauerspiel wählte, und für komische Stücke weniger
Sinn hatte. Während ich das Gimnasium besuchte, mußte
ich mich für die Seltenheit des Theatergenusses, dadurch
wenigstens zum Theile zu entschädigen, daß ich mir ge-
druckte Theaterstücke zur Lecture verschaffte, und ich erhielt
manche derbe Zurechtweisung von meinen Professoren, manche üble Note „in morum cultura" weil ich während

der Lehrstunden dabei ertappt wurde, daß ich unter meinem lateinischen oder griechischen Autor einen Band von Shakespeare's, Schiller's oder Kotzebue's Werken verborgen hatte, und heimlich las.

Höheren Reiz, als die untern Schulen gewährten mir die Humaniora, Poesie und Rhetorik, wo ich, so zu sagen, in die Werkstätte der Dichtkunst eingeführt wurde, und die Regeln derselben erlernen durfte; an kein classisches Werk ging ich aber mit solchem Eifer, als an „Horatii epistolae ad Pisones," welche für den dramatischen Schriftsteller die ersten Grundregeln enthalten. — Schon damals drängte es mich, einen Versuch auf diesem Felde zu wagen, und im Jahre 1831, als ich, sechszehn Jahre alt, in die filosofischen Studien übergetreten war, ging ich wirklich an's Werk.

Niemand in meinem väterlichen Hause wußte davon; ich wagte nicht davon zu sprechen, indem ich fürs Erste wußte, daß mein Vater keine besondere Vorliebe für das Theater hatte, und serners überzeugt sein konnte, daß auch meine älteren Brüder mich in diesem Vorsatze nicht unterstützen würden, da sie mit vollem Rechte voraussetzen mußten, daß eine solche Arbeit mich von meinen Studien abziehen würde.

Es blieb also nichts anderes übrig, als während der Collegien-Stunden, statt aus dem Vortrage der Professoren schriftliche Notate zu machen, an meinem Stücke zu arbeiten. Ich war im Verlaufe eines halben Jahres damit fertig; es war ein Schauspiel mit komischen Episoden, und hatte den Titel: „Das Rendézvous".

Aber nun handelte es sich darum, es auf einer Bühne

zur Aufführung zu bringen. Ich hatte hiebei nur das
Theater an der Wien im Auge, aber nicht den Muth, mich
persönlich dem Director als Dichter vorzustellen; denn obgleich schon im Jünglingsalter, war ich damals so schwäch-
licher Natur, und in körperlicher Entwicklung so zurück-
geblieben, daß man mich für einen kaum zwölfjährigen
Knaben halten konnte. Daß also meine Erscheinung eben
kein Vertrauen zu meinem Stücke erwecken konnte, war
mir klar.

Ich wußte mir aber zu helfen, indem ich einen Brief
unter meinem vollen Namen an den Director schrieb, des-
sen Ueberbringer ich jedoch selbst, mich für den jüngeren
Bruder des Verfassers ausgebend, sein wollte. — Diesen
Vorsatz führte ich auch aus. — Das erste Kind meiner
Muse unter dem Arme, den Brief in der Tasche, begab ich
mich eines Vormittags in die Kanzlei des Theaters an der
Wien, und frug nach Director Carl. Es fand aber an
diesem Tage eben die Generalprobe des bei lebendigem
Theater (wie man jene Vorstellungen nannte, bei welchen
die Bühne, statt der gemalten Decorationen, mit wirklichen
Bäumen und Sträuchern geschmückt war) darzustellenden
Stückes: „Graf Walltron" statt, und Carl leitete diese
Probe persönlich. Es war mir also nicht möglich, ihn vor
Beendigung der Probe zu sprechen. Ich kam wohl zehnmal
im Verlaufe des Vormittags, mit immer höher gesteigerter
Ungeduld, aber immer vergeblich. Sowohl das Kanzleiper-
sonale, als die Dienerschaft des Theaters mußte, da sie den
Grund meines so häufigen Kommens nicht wußten, glau-
ben, es sei eine höchst wichtige Angelegenheit, und so kam

es, daß man mich, als endlich um vier Uhr Nachmittags
die Probe zu Ende gegangen war, in die im rückwärtigen
Tracte des Theatergebäudes befindliche Wohnung der Frau
von Scheidlin führte, wo Carl an diesem Tage sein
Mittagsmal einnahm. Die Suppe stand bereits auf dem
Tische, als ihm gemeldet wurde, daß ein junger Mensch in
einer sehr wichtigen Angelegenheit ihn bringend zu
sprechen wünsche, worauf ich vorgelassen wurde.

Ich muß gestehen: so oft ich mich in späteren Jahren
dieses meines beinahe erzwungenen Entrée's erinnerte, so
wunderte ich mich, daß Carl, als er erfuhr, worin die
wichtige Angelegenheit, in der ich zu ihm kam, eigentlich bestehe, die freundliche und höfliche Art, mit der er
mich empfing, nicht änderte. Man denke sich, er hatte seit
früh Morgens bis Nachmittags vier Uhr eine seine volle
Aufmerksamkeit und Thätigkeit in Anspruch nehmende Probe
gehalten, alle Arrangements sowohl der Scene, als auch
der in diesem Stücke vorkommenden Truppen=Bewegungen
selbst geleitet, und nun, wo er sichtbar erschöpft, sich zu
Tische setzen wollte, hält ihn ein junger Mensch gleichsam
zum Besten, indem er die Uebergabe eines Manuscriptes,
welche eben so gut einige Tage später hätte geschehen können, als eine wichtige und dringende Angelegenheit betreibt!
Es mochte ihm dies Vorgehen vielleicht mehr lächerlich,
als ärgerlich erscheinen, und gerade darum behielt er schonend
sein liebenswürdiges, zuvorkommendes Benehmen bei, las
den mitgebrachten Brief, worin ich für mein Stück nichts
— gar nichts begehrte, als eine freie Loge bei der ersten
Aufführung, und erwiderte hierauf: ich möge ihn bei meinem

Bruder empfehlen, und demselben sagen, daß er das Stück
mit aller Aufmerksamkeit lesen, und in acht Tagen darüber
Bescheid geben wolle.

Der Eindruck, welchen Carl, bei diesem meinem ersten
Zusammentreffen mit ihm, auf mich machte, war — ich kann
es nicht läugnen — ein für ihn sehr einnehmender! Nachdem
ich schon oben erwähnt, mit welcher Pietät ich Alles zu
betrachten gewohnt war, was in irgend einem Verhältnisse
zum Theater stand, so ist es erklärlich, mit welchem Nimbus
mir erst der oberste Leiter einer solchen Kunst-Anstalt, der
Mann, durch dessen Willen und Wirken all' die herrlichen
Gebilde in's Leben traten, erscheinen mußte!

Ich glaube, ich wäre damals der ersten Autorität des
Reiches nicht mit mehr erfurchtsvoller Scheu entgegenge=
treten, als meinem — Theater=Director.

Ich hatte mir ihn stolz, gebieterisch, kurz abfertigend
vorgestellt, und nun trat er mir so überaus höflich, artig,
kurz ganz mit dem Wesen eines feinen Hofmannes ent=
gegen, und versprach — was die Hauptsache war — das über=
reichte Stück selbst, und mit aller Aufmerksamkeit zu lesen!

Ich entfernte mich, die schwindelndsten Hoffnungen in
der Brust. Während der mir allzulang währenden acht
Tage träumte ich schlafend und wachend, von nichts, als
von der Aufführung meines Stückes, und von dem glän=
zenden Erfolge, den dasselbe ganz gewiß erlangen würde.

Endlich war die Frist verstrichen, und ich begab mich
in zitternder Erwartung der Entscheidung meines Schick=
sales in die Theaterkanzlei — natürlich wieder als mein
eigner Bruder.

Der Secretär meldete mich, und Carl ließ mich bitten, einzutreten.

Er hatte das Stück in den Händen, und antwortete auf meine Anfrage, was er darüber entschieden habe, Folgendes:

„Ich habe das Stück gelesen — es ist ein ganz gutes Stück, für ein erstes Stück sogar sehr gut; aber es ist in der Handlung zu einfach, in den Situationen zu wenig effectvoll, um es zur Aufführung zu bringen. Uebrigens ist entschiedenes Talent nicht zu verkennen, und ich kann nicht umhin, den Wunsch auszusprechen, daß Ihr Herr Bruder den eingeschlagenen Weg weiter verfolgen möge. Wenn er einen etwas reichhaltigeren Stoff wählt, und die Charactere etwas schärfer zeichnet, so kann es ihm nicht fehlen, und ich werde es mir zum Vergnügen rechnen, ein so schönes Talent der Bühnenwelt vorführen zu können.“

So hatte Carl die bittere Pille, nämlich die Zurückweisung des Stückes, durch die Aussicht auf die Zukunft, bedeutend verzuckert, und, so sehr ich auch aus meinem Himmel gefallen war, so fand ich doch einigen Trost in der Anerkennung, welche er meinem Talente zollte.

Ich erbat mir von ihm hierauf einige Zeilen — „an meinen Bruder,“ — und er schrieb bereitwilligst folgende Worte auf das Titelblatt des Manuscriptes: „Obgleich gegenwärtiges Stück sich, seiner Einfachheit wegen, nicht zur Aufführung eignet, so verräth der Verfasser doch sehr viel Talent und Fantasie, und es ist zu wünschen, daß er sich durch diesen ersten Versuch nicht entmuthigen lasse.“

Ich war auch durchaus nicht entmuthigt, und wäre gerne sogleich wieder an die Verfassung eines neuen Stückes gegangen, wenn nicht die heranrückenden Prüfungen meine volle Zeit in Anspruch genommen hätten.

Ich machte späterhin noch einige Versuche, und überreichte sie in der Theaterkanzlei, wurde aber von einem Individuum, welches die zum Bureau des Directors führende Thür wie ein Cerberus bewachte, und jedes Stück früher selbst lesen zu müssen vorgab, ehe es dem Director vorgelegt würde, stets, ohne daß das letztere geschehen wäre, auf eine mit dem Benehmen Carl's stark contrastirende Weise kurz abgefertigt; bis ich endlich, vier Jahre später, ein Mittel fand, dieses Individuum günstiger für mich zu stimmen, und es zu bewegen, mein neuestes Stück — (es hatte wieder ursprünglich den Titel: „Das Rendézvous") dem Director als beachtenswerth vorzulegen.

Bei diesem Anlasse war es mir ebenfalls vergönnt, Carl persönlich zu sprechen, der sich meiner von jener Begegnung vor vier Jahren her nicht mehr erinnerte, um so mehr, da ich mich während dieser Zeit erst körperlich vollkommen ausgebildet hatte, und mich nun, als zwanzigjähriger Jüngling, auch nicht mehr scheute, mich selbst als Verfasser zu präsentiren.

Carl versprach mir dieses Mal, daß das Stück jedenfalls zur Aufführung kommen werde, doch müsse er es früher noch selbst lesen, was im Augenblicke, wo er von andern Arbeiten für längere Zeit in Anspruch genommen sei, nicht geschehen könne, weßhalb er mich bat, mich in einigen Wochen wieder anzufragen. Es verging aber beinahe ein volles Jahr, bis sich eine Gelegenheit fand, das Stück auf die Bühne zu bringen.

Während dieser fünf Jahre, die ich mit stets erfolglosen Versuchen hingebracht, hatte die Posse, namentlich durch Nestroy und seine Stücke, worin er selbst und Scholz, häufig auch Carl — hinreichenden Spielraum fanden, ihren immer frischen Humor in den glänzendsten Farben schimmern zu lassen, einen so riesigen Aufschwung genommen, daß das ernstere Schauspiel fast ganz in den Hintergrund gedrängt wurde, und nur manchmal, während der Sommermonate als sogenanntes Spectakelstück, theils mit Anbringung von militärischen Evolutionen, theils mit Beihilfe irgend einer Kunstreitergesellschaft, wieder hervortrat.

Durch die erfolgte Ausspielung des Theaters an der Wien war dasselbe als Eigenthum an den Baron Ruschowsky, und nach dessen Tode an seine Erben übergegangen. Sowohl der Gewinner, als dessen Erben bestätigten Carl in seinem Pachtvertrage, wofür er Anfangs jährlich 12.000 später gar nur 11.000 fl. C. M. zu bezahlen hatte.

Dafür hatte aber Carl nicht nur das Theater sammt dem Fundus-instructus zu seiner Benützung, sondern es flossen auch die Zinse der im Theatergebäude befindlichen Wohnungen — jährlich beinahe auf 7000 fl. zu schätzen — in seine Casse, während alle im Hause nöthigen Reparaturen von den Eigenthümern selbst bestritten werden mußten. Einen für den Pächter günstigeren Pachtvertrag konnte es nicht leicht geben; und es ist um so mehr zu wundern, daß man keine höheren Forderungen an ihn stellte, als es doch bekannt war, welch glänzende Geschäfte er mit dieser Enterprise machte.

Die günstigsten Erfolge für die Cassa erzweckte Nestroy als Volksdichter. Als solcher trat er vor dem Wiener Publikum zum ersten Male am 11. April 1833 mit seinem echten Volksstücke voll körnigem Humor und Sathre: „Der böse Geist Lumpacivagabundus" hervor, welches Stück vierzig Vorstellungen in ununterbrochener Reihenfolge erlebte. Diesem folgten rasch mehre andere Stücke, welche alle mehr oder minder beifällig aufgenommen wurden, von denen aber die Mehrzahl wahre Zug- und Cassastücke wurden, und sich bis auf den heutigen Tag auf dem Repertoire erhielten.

Man kann annehmen, daß von dem überreichen Vermögen, welches Carl bei seinem Tode hinterließ, Nestroy allein mindestens den vierten Theil erwarb! — Und was für einen Lohn hatte der Verfasser dieser wirksamen, vom Publikum mit Jubel aufgenommenen, dem Director Tausende und abermals Tausende tragenden Stücke für seine Bemühung?

Ein Honorar von 20 — sage zwanzig Gulden für die erste, siebente, eilfte und zwanzigste Aufführung! — somit also im besten Falle achtzig Gulden!! Denn erst viel später gelang es Nestroy sich auch als Dichter vortheilhaftere Bedingungen zu erzwingen.

Carl ging von dem Grundsatze aus: „Wer etwas schreiben kann, schreibt auf jeden Fall, und wird um nichts besser schreiben, wenn er auch noch so gut bezahlt wird!"

Daß aber der Verfasser doch einen gerechten Anspruch auf einen Theil des Gewinnes, den sein Werk trägt, machen könne, daß es ferner für den Dichter, er möge nun sich in

was immer für einem Genre bewegen, vor allem nöthig ist,
der Lebensforgen ledig zu sein, und daß endlich gerade der
Volksdichter dadurch, daß er seine Bilder dem Leben entnehmen muß, gezwungen ist, sich im Leben frei zu bewegen, Verschiedenes mitzumachen, was Geld-Auslagen fordert,
daran dachte er nicht, oder wollte vielmehr nicht daran
denken. — Ich gab bereits an, daß seit der Zusage, welche
Carl mir in B:zug auf die Aufführung meines Stückes
gemacht hatte, bis zu der Zeit, wo dieselbe wirklich statt
fand, fast ein Jahr verflossen war. Ich hatte mich Anfangs
im Verlaufe jeder Woche, später aber immer seltner ange-
fragt, war jedoch immer bald mit dieser, bald mit jener
Ausrede abgefertigt, und es zuletzt müde geworden, vergebliche Gänge zu machen: als endlich eines Tages, ganz un-
vermuthet, die bewaffnete Macht des Thalientempels, der
Theater-Feldwebel nämlich, bei mir erschien, und mich auf
das bringendste einlud, so schnell als möglich zu Herrn
Director Carl zu kommen, welcher mein Stück gelesen
habe, und es nunmehr in die Scene bringen wolle.

Diese Nachricht durchzuckte mich electrisch. Alsogleich
eilte ich in's Theater an der Wien, wo Carl bereits
mich erwartete.

Er theilte mir mit, daß mein Stück ihm sehr gefallen habe, daß er es schon in vierzehn Tagen zur Aufführung bringen wolle, daß ich aber, wenn dies geschehen
sollte, mich zu mehren Abänderungen, welche er theils selbst
schon gemacht habe, theils mir erst anrathen wolle, ver-
stehen müsse.

Ich erklärte mich zu Allem bereit — es war ja mein

erstes Stück, und das sehnlich erwartete Ziel, es aufgeführt zu sehen, wurde mir in so nahe Aussicht gestellt!

Als aber nun Carl mein Manuscript vom Pulte nahm, um sich über die „kleinen" Abänderungen mit mir zu besprechen, gingen mir beim ersten Anblicke fast die Augen über! Wenn ein Gärtner einen Lieblings=Baum ge=pflanzt hat, und er findet ihn nach der Rückkunft von fre=velnder Hand zerschnitten und entästet, wenn ein Vater nach einem Jahre zu seinem, fremder Obhut überlassenen Kinde zurückkehrt, und er trifft es verstümmelt, mit abge=hauenen Armen oder Beinen, so kann beiden kaum ärger zu Muthe sein, als mir, da ich mein Stück erblickte, in welchem ganze Seiten durchstrichen, andere Blätter eingeklebt, und von Carl's Hand beschrieben waren.

Carl bemerkte meine Bestürzung, suchte mich aber mit der Versicherung zu beschwichtigen, daß das Stück in dieser Gestalt gewiß gefallen müsse; ich möge seiner langjährigen Bühnen=Erfahrung vertrauen. Hierauf ging er erst an die Angabe jener Veränderungen, welche ich selbst noch vor=nehmen müsse.

Mir schwindelte: — das hieß nicht mehr verändern, das hieß fast ein neues Stück daraus gestalten.

Ich hatte ein Schauspiel mit einigen komischen Episo=den geschrieben, und nun sollte es gewaltsam zur Local=Posse umgemodelt werden. Mehre ernste Scenen, auf deren poetische Gestaltung ich mir etwas zu gute gethan hatte, waren bereits unbarmherzig gestrichen, und ihr Inhalt nur mit kurzen Worten, welche Carl hineingeschrieben hatte, angedeutet. Jetzt sollte ich noch in dieser und jener Scene

4 *

die komische Figur des Stückes mitwirken laſſen; nach der
Manier, welche Neſtroy mit Glück bei ſeinen Stücken an-
gewendet hatte, für jeden Komiker ein Entréelied ſchrei-
ben, und ihn ja nicht auftreten laſſen, während andere Per-
ſonen auf der Bühne wären. — Kurz, ich hatte nicht nur
einzelne Abänderungen zu machen, ſondern ich mußte den
bisherigen Bau des Stückes — umſtoßen! So oft ich eine
Einſprache machen wollte, trat mir Carl immer wieder
mit ſeiner Bühnen = Erfahrung entgegen, und gab mir zu
verſtehen, daß er, wenn ich mich weigerte, das Stück nicht
aufführen könne. Er mochte es mir wol abgemerkt haben,
daß ich mir lieber Alles gefallen laſſen würde, ehe ich meine
Arbeit der Aufführung entzöge.

Ich frug ihn endlich ganz kleinlaut, welche Zeit er
mir wohl gönne, um die Abänderungen vorzunehmen?
Raſch erwiederte er: „Bis Morgen muß ich das Stück
wieder haben, ſonſt wäre ich genöthigt, mein Repertoire
zu ändern, und die Aufführung dieſes Stückes wäre wieder auf unbeſtimmte Zeit hinausgeſchoben!"

Mehr bedurfte es für mich nicht, um mich zu der Zuſage
zu beſtimmen, daß ich ſeinem Wunſche nachkommen wolle.

Ich ging fort, arbeitete den ganzen Tag und bis ſpät
in die Nacht, und brachte ihm nächſten Tags das Stück
wieder. Er durchlas die geänderten Stellen, und erklärte
ſich vorläufig damit einverſtanden. — Nun ſagte er
mir erſt, daß er mein Stück Herrn Scholz zum Benefice
überlaſſen wolle. Dies bereitete mir neuen Schreck; denn
Scholz, der ſonſt ſo beliebte Komiker, den das Publikum
bei jeder Gelegenheit auszuzeichnen pflegte, hatte damals

das ganz eigene Mißgeschick, daß jedes Stück, welches er zu seinem Benefice gab, regelmäßig ausgepfiffen wurde.

Carl beruhigte mich aber auch hierüber, indem er mich versicherte, mein Stück werde gewiß eine Ausnahme machen; er habe es absichtlich gewählt, um das Vorurtheil, welches das Publikum gegen Scholz'sche Benefice-Stücke hatte, zu vernichten, u. d. gl. mehr. Kurz, ich erfuhr bei dieser Gelegenheit zum ersten Male, was ich noch hundertmal erfahren sollte, daß es gegen Carl's Ansichten keinen Widerstand gebe, daß er alle Einstreuungen zu widerlegen wisse, und daß man sich endlich seinem Wunsche fügen müsse, man möge wollen oder nicht.

Auch der Titel des Stückes sagte ihm nicht zu. — „Das Rendezvous!" sagte er, „das ist zu einfach, das zieht nicht — es ist Scholz's Benefice, und darum muß man schon im Titel verrathen, daß er eine Hauptrolle habe;" u. s. w.

Kurz, das Stück wurde umgetauft, und erhielt nun den Titel von der komischen Figur, welche Scholz darzustellen hatte: „Hanns Hasenkopf!"

Nachdem wir so weit einig waren, bedeutete mir Carl, daß wir nunmehr nur noch über die Honorar-Bedingungen übereinzukommen hätten, in Bezug auf welche ich mich mit seinem Secretär verständigen möge.

Dieser theilte mir nun mit wichtiger Miene mit, daß der Herr Director mir dieselben Bedingungen bewilligen wolle, unter welchen sein erster Dichter, Herr Nestroy seine Stücke schriebe, also ebenfalls zwanzig Gulden für die erste, siebente, eilfte und zwanzigste Aufführung!

Da ich damals gar keinen andern Wunsch hegte, als

nur den, mein Stück von der Bühne herab wirken zu
sehen, und selbst um nur dieses Ziel zu erreichen, gerne
aus meinem Eigenen etwas dafür gegeben hätte, so erklärte
ich mich natürlich sogleich einverstanden, und schrieb den in
dieser Angelegenheit von mir verlangten Brief.

Es würde zu weitläufig werden, wenn ich noch alle
Vorgänge bei den Proben meines Stückes, alle Aenderungen, welche noch im letzten Augenblicke daran vorgenommen
wurden, hier erzählen wollte, genug — die Aufführung
fand statt — der erste Act wurde sehr beifällig aufgenommen, der zweite kühler, der dritte kalt, aber doch ohne Zeichen des Mißfallens.

Bedeutend in meinen allzukühnen Erwartungen getäuscht, verließ ich traurig das Theater, und war nun erst
froh, daß ich es bei diesem ersten Versuche nicht gewagt
hatte, meinen Namen auf den Zettel setzen zu lassen.

Noch ganz niedergeschlagen, machte ich am nächsten
Morgen Carl meine Visite. — Er wußte mich aber bald
aufzurichten; versicherte mich, daß ein solcher Erfolg für
eine Erstlings-Arbeit noch immer sehr ehrenvoll genannt
zu werden verdiene, — daß manche Scene mehr durch
Schuld der Darsteller weniger angesprochen habe, und forderte mich schließlich auf, nur ja recht bald wieder ein
neues Product meines „schönen" Talentes zu überbringen.

Ueberhaupt muß ich hier zum Lobe Carl's ausspre-
chen, daß er nach einem mißlungenen Stücke den Verfasser
immer mit nur noch erhöhter Freundlichkeit empfing, ihm
nie Vorwürfe machte, sondern im Gegentheile freiwillig
einen Theil der Verantwortlichkeit auf sich selbst nahm,

indem er ja das Stück gelesen, gut befunden, und es zur Aufführung gebracht habe.

Nach einem Jahre kam mein zweites Stück: „Wolf und Braut" zur Aufführung; ich hatte dieses, da ich jetzt nach erfolgter Bewilligung des freien Eintrittes, das Theater fast täglich besuchen konnte, schon mehr nach dem herrschenden Geschmacke berechnet, es fand daher eine beifällige Aufnahme, und wurde zehnmal gegeben. Bei der dritten Aufführung hatte ich den damals für mich so hohen Genuß, meinen Namen zum ersten Male auf dem Theaterzettel gedruckt zu lesen.

Ein Ereigniß, welches auf Carl's Entschlüsse und auf eine Wendung seines Schicksals erst in spätern Jahren einen Einfluß übte, war die schon im Jahre 1835 erfolgte erste Feilbietung des Theaters an der Wien.

Die Erben Ruschowsky's hatten nämlich mit ihrem Vermögen so schlecht hausgehalten, daß über dasselbe der Concurs ausbrach, in Folge dessen die Realität, welche ihr Eigenthum war, das Theater an der Wien nämlich, im Licitations-Wege verkauft werden sollte, zu welchem Zwecke drei Termine ausgeschrieben waren.

Schon damals suchten alle Freunde Carl's ihn zu überreden, dieses Theater, das sich für ihn bereits als Goldgrube bewährt hatte, käuflich an sich zu bringen, um sich den ungefährdeten Besitz desselben zu sichern. Allein er rechnete mit Bestimmtheit darauf, daß sich kein Käufer finden werde, und daß es sodann, nachdem auch der dritte Termin erfolglos verstrichen wäre, auch unter dem Schätzungspreise verkauft werden würde.

Diesmal täuschte er sich in seinen Calcul nicht — es fand sich wirklich kein Käufer ein, und er blieb noch für längere Zeit in seinem so äußerst billigen Pachte, fortwährend vom Glücke begünstigt. Carl glich aber den meisten Söhnen der Fortuna darin, daß er stets diese seine Mutter verläugnete; — er schrieb nichts auf Rechnung seines Glückes, sondern Alles nur auf die seines Verstandes, und doch war er einer jener Menschen, denen das Glück durch lange Zeit seine reichen Gaben in den Schooß schüttete, selbst in solchen Fällen, wo er von falsch berechnender Speculation irre geführt, sich förmlich dagegen sträubte.

Einen Beleg hiefür lieferte der im Jahre 1836 nach Wien gekommene Gimnastiker und Affen=Darsteller, Herr Klischnigg, welcher sich bald nach seiner Ankunft dem Director Carl vorstellte, und mit diesem wegen Gastvorstellungen unterhandeln wollte.

Da aber vor Klischnigg schon einige Gimnastiker sich auch in Thier=Masken produzirt hatten, ohne besondere Erfolge zu erzielen, so schienen die Bedingungen, welche ersterer stellte, nämlich für jeden Abend ein Honorar von hundert Gulden, und von jeder sechsten Vorstellung die halbe Einnahme, dem Director viel zu überspannt, und er verabschiedete Klischnigg mit kurzen Worten.

Dieser wollte sich entfernen, war sogar schon nahe an der Thür, als er sich besann, und den Vorschlag machte: Carl möge doch erst seine Leistungen sehen, ehe er so vorschnell an dem Erfolge zweifle, und ihm deßhalb gestatten, Abends nach der Vorstellung eine Production für ihn allein zu geben. — Auf dies ging Carl ein. — Die

Probe-Leistung Klischnigg's brachte ihm natürlich eine andere Meinung bei, und um nun das rasch nachzuholen, was er beinahe versäumt hätte, eilte er auf die Bühne, nahm den Gimnastiker unter den Arm, und führte ihn, der noch in der Affen-Maske war, sogleich in seine Wohnung, welche durch den Logen-Gang mit der Bühne in Verbindung stand, und dort mußte der Contract unter allen von Klischnigg gestellten Bedingungen sogleich unterzeichnet werde.

Wie viel Geld die hier noch nie zuvor gesehenen Productionen Klischnigg's, für welche Nestroy eigens die Posse: „Affe und Bräutigam," und später Franz Xaver Tolb noch einige ähnliche schrieb, der Casse mitten im heißesten Sommer eintrug, beweist schon allein der Umstand, daß an Klischnigg nach Beendigung seiner Gastvorstellungen eine Total-Summe von 21.900 fl. für Honorare und Beneficen hinausbezahlt wurde. — Nach dem sehr reichen Gewinn, den Carl in diesem Jahre gezogen hatte, hätten ihn aber bald, und zwar durch seine eigene Schuld, ein Verlust getroffen, der vielleicht unersetzlich gewesen wäre.

Carl's Eigensinn, welcher mit jedem Jahre an Stärke zunahm, und seine Rücksichtslosigkeit, die er oft gegen jene an den Tag legte, welche alle ihre Fähigkeiten und Kräfte aufboten, um ihn immer mehr zu bereichern, führte eines Abends während der Vorstellung zu einem heftigen, laut geführten Wortwechsel mit Nestroy, und es wäre bei dem reizbaren Temperamente beider Streitenden vielleicht zu Aergerem gekommen, wenn nicht die übrigen Mitglieder sich vermittelnd zwischen beide Parteien gestellt hätten.

Nestroy, durch den Undank dieses Theater=Despo=
ten in gerechte Entrüstung gerathen, wollte von einer Er=
neuerung seines bald zu Ende gehenden Vertrags nichts
mehr hören.

Carl dagegen wollte ihm zeigen, daß er durch seinen
Abgang in keine Verlegenheit gesetzt würde, und knüpfte
deßhalb Unterhandlungen mit dem, damals noch bei dem
Gratzer Theater als erster Komiker im Engagement stehen=
den Herrn Louis Grois an, welchen er auch, um einen
Ersatz für Nestroy zu haben, fest engagirte.

Da aber Grois schon bei seinen ersten Debuts trotz
der beifälligen Aufnahme bewies, was sich später im=
mer mehr herausstellte, daß er wohl ein ganz tüchtiger
Character=Darsteller im localen Fache, aber doch zu wenig
Komiker sei, um Nestroy, den Liebling der Wiener je
ersetzen zu können, so mußte Carl, so viel Ueberwindung
es ihm auch kosten mochte, dennoch alles Mögliche auf=
bieten, um Nestroy wieder zu versöhnen, und für seine
Anstalt zu erhalten.

Nachdem dies gelungen, trat Grois natürlich für
längere Zeit in den Hintergrund, und wurde nur zu Epi=
soden verwendet; allein er war klug genug, sich für den
Anfang den für ihn ungünstigen Verhältnissen zu fügen,
und die Zeit abzuwarten, in welcher es ihm dennoch gelin=
gen würde, eine bedeutendere Stellung sowohl auf der
Bühne, als im administrativen Theile der Geschäftsfüh=
rung einzunehmen. Daß diese Zeit auch wirklich kam,
werden wir aus dem ferneren Verlauf der Erzählung
ersehen.

IV.

Kauf des Leopoldſtädter Theaters. — Contracte mit Dichtern, —
Frau Ida Brüning, — das Vaudeville.

Gegen den Schluß des Jahres 1838 ging der Pachtvertrag, welchen Carl mit der Gläubiger = Maſſa der Ru-
ſchowsky'ſchen Erben geſchloſſen hatte, ſeinem Ende zu.
Dieſe drangen nun in ihn, das Theater zu kaufen, wozu
ſich Carl durchaus nicht herbeilaſſen wollte, oder einen
höhern Pachtſchilling zu zahlen, wozu ſich zu verſtehen,
ihm eben ſo ſchwer fiel. Man ſprach daher von einer aber-
maligen Feilbietung dieſes Theaters.

Gerade um dieſelbe Zeit war es aber auch, daß der
damalige Eigenthümer und Director des Leopoldſtädter
Theaters, Herr Franz Edler von Marinelli, der wohl
ein Mann von ſeltner Herzensgüte, aber zu nichts weniger
befähigt war, als zur Leitung einer Bühne, in ſo mißliche
Umſtände gerathen war, daß er beinahe auf dem Puncte
ſtand, über ſein Vermögen den Concurs anſagen zu müſſen.
Allein ſeine beiden Haupt=Gläubiger, die Freiherrn Diet-
rich und Schloißnigg, erklärten ſich, das Theater um
den gerichtlichen Schätzungspreis von 160.000 Gulden erſtehen zu wollen. Schon war der Kaufvertrag aufgeſetzt,

und sollte bereits am nächsten Tage von beiden Seiten un=
terzeichnet werden.

Indeß hatte jedoch auch C a r l von den Unterhandlun=
gen noch zu rechter Zeit Kunde erhalten. Das Theater in
der Leopoldstadt schien ihm vortheilhafter, als das an der
Wien; er sandte daher augenblicklich, noch in der letzten Nacht,
den Agenten, Herrn A. P r i r, zu M a r i n e l l i, ließ diesem
eine Kaufsumme von 170.000 Gulden, und die Zusiche=
rung einer lebenslänglichen Anstellung mit dem Gehalte von
zwölfhundert Gulden, nebst einer Rente, welche nach M a=
r i n e l l i's Tode dessen Kinder bis zu ihrer Volljährigkeit
beziehen sollten, anbieten. Der Antrag wurde angenommen,
noch in derselben Nacht der Kaufvertrag abgeschlossen und
unterschrieben, und somit war C a r l Eigenthümer des Leo=
poldstädter Theaters, und nicht mehr abhängig von den
Beschlüssen der Concurs=Massa der R u s c h o w s k y'schen
Erben, welche nun — da sich im Augenblicke kein anderer
Pächter für das Theater an der Wien finden ließ — gezwun=
gen waren, ihm dasselbe um einen noch billigeren Pacht=
schilling zu überlassen.

Ich muß hier der gleichzeitig erfolgten Aufführung
eines von mir und meinem Freunde, Herrn F e r d i n a n d
T h a l h a m m e r, in Compagnie verfaßten Stückes: „D i e
T h e a t e r w e l t" erwähnen, weil dieselbe einen sprechenden
Beitrag zur Characteristik C a r l's liefert.

Seit dem Jahre 1836, in welchem die Aufführung
meines letzten Stückes erfolgt war, hatte ich dem Theater
an der Wien wieder einige neue Stücke überreicht, an wel=
chen aber das schon früher erwähnte, Alles vorauslesende

Kanzlei=Individuum Carl's stets zu tadeln, und, indem es fortwährend den Director spielen wollte, immer Abän= derungen anzugeben fand, auf welche ich natürlich nicht eingehen mochte. Ich hatte aus dieser Ursache auch ein zu= erst dort abgegebenes Stück: „Liebe und Ehe", welches die= selbe Autorität ebenfalls in seiner ursprünglichen Gestalt zur Aufführung nicht geeignet gefunden hatte, zurückge= nommen und es dem Josefstädter Theater übergeben, wo es angenommen wurde, und sich bei der Aufführung auch wirklich eines ehrenvollen Erfolges zu erfreuen hatte.

Meine ursprüngliche Lust, fernerhin für das Theater an der Wien etwas zu schreiben, war mir solcherart bei= nahe ganz verleidet. Carl hatte, weil er seit zwei Jahren — wie aus dem Vorhergehenden ersichtlich, nicht durch meine Schuld — kein Stück von mir auf die Bühne bringen konnte, den mir früher bewilligten freien Eintritt wieder aufgehoben; — da kam mir der Gedanke, eben das Ge= triebe, oder besser gesagt, die Umtriebe einer Theaterkanzlei selbst zum Gegenstande einer Posse zu machen. Ich theilte das Sujet meinem Freunde Thalhammer mit, er be= kam ebenfalls Lust, seine Feder, die bis dahin nur einige recht gelungene Journal=Artikel geliefert hatte, auf dem dra= matischen Gebiete zu versuchen, wir machten uns gemein= sam an die Arbeit, und in vierzehn Tagen war das Stück fertig, in welchem ich besonders den Theatersecretär Fein mit ziemlich satyrischer Laune zu zeichnen bemüht war. — „Facit indignatio versum!" sagt Horaz! — Aber wie nun das Stück zur Aufführung bringen? Carl war zu dieser Zeit eben durch den Ankauf des Leopoldstädter Thea=

ters so in Anspruch genommen, daß es unmöglich war,
mit ihm persönlich sprechen zu können. — Das Manuscript dem mehrerwähnten, die Stücke mit hochwichtiger
Miene vorkostenden Individuum zu übergeben, hieß so viel
als die Aufführung selbst unmöglich machen, da eben einige nicht besonders empfehlende Eigenheiten eines solchen
Characters im Stücke gegeißelt waren. — Was also war
zu thun? Mir fiel endlich ein Weg ein, der uns noch am
sichersten zum Ziele führen konnte. Ich wußte, daß S ch o l z,
der nach seinem Contracte verpflichtet war, die zu seinem
Beneficen erforderlichen Stücke selbst herbeizuschaffen, immer um solche verlegen war; ging daher zu ihm, und bot
ihm unsere Compagnie=Arbeit unter der Bedingung an, daß
er sie nur dem Director selbst übergeben, und erst, wenn
dieser sie gelesen und sich zur Annahme bereit erklärt hätte,
meinen Namen nennen solle.

S ch o l z ging mit Vergnügen darauf ein. C a r l be-
kam das Stück zu lesen, und obwohl darin auch auf ihn
selbst einige handgreifliche Anspielungen vorkamen, erklärte
er es doch für sehr gelungen und zur Aufführung geeignet. Nachdem er die Namen der Verfasser gehört hatte,
sandte er sogleich um mich, empfing mich mit den schmei-
chelhaftesten Lobeserhebungen, setzte mich augenblicklich wieder in mein früheres Recht des freien Eintrittes ein, welches er auch meinem Compagnon zu Theil werden ließ,
versprach für die Zukunft meine Stücke nicht erst von einem Andern lesen zu lassen, sondern sie immer, und zwar
so schnell, als nur irgend möglich, selbst zu lesen, und
stellte so das früher bestandene freundliche Verhältniß zwi-

schen uns wieder vollkommen her. Als es zur Besetzung der Rollen kam, war ich selbst ungemein überrascht, als er sagte: „Den Theater=Director spiele i ch; — es ist zwar keine sehr dankbare Rolle, aber ich muß sie selbst spielen, das gibt dem Stücke erst die rechte Anziehungskraft!"

Und er übernahm die Rolle wirklich! — Die Rolle des Theatersecretärs erhielt ein Schauspieler, welcher so maliziös war, sich eine Gesichts = Maske zu machen, die eine schreiende Aehnlichkeit mit der etwas markirten Fisiognomie des wirklichen Secretärs hatte. Zugleich ahmte er ihn auch in Geberden, Haltung, ja selbst im Tone der Stimme so glücklich nach, daß schon bei seinem ersten Erscheinen ihn ein lange anhaltender Applaus empfing. Und C a r l ließ es lachend geschehen. Der wirkliche Secretär durfte nicht Einsprache gegen diese Doppelgängerei machen, denn das Stück hatte gefallen (wozu nicht wenig auch d a s beitrug, daß S c h o l z einige recht komische Extempore's über den eben erfolgten Kauf des Leopoldstädter Theaters u. dgl. einstreute), und erzielte n e u n z e h n Vorstellungen. — Ich bezog dafür wieder das erwähnte Honorar, welches in zwanzig Gulden für die siebente, eilfte, und — — zwanzigste Vorstellung bestehen sollte; vielleicht lag darin der Grund, warum das neunzehnmal gegebene Stück damals nicht zur zwanzigsten Vorstellung gelangte. Erst sechszehn Jahre später, als ich bereits seit langer Zeit im contractlichen Engagement als Theaterdichter stand, und Carl längst vergessen hatte, unter welchen Bedingungen ich ihm dieses Stück überlassen, kam es zufällig wieder zur Aufführung und C a r l war sehr unangenehm überrascht, als ihm

jetzt die Honorars-Quittung zur Unterschrift vorgelegt
wurde.

Carl eröffnete das nun sein Eigenthum gewordene
Leopoldstädter Theater, nachdem er es nur, so gut es in
wenigen Tagen geschehen konnte, etwas freundlicher und
netter hatte herrichten lassen, am 23. Dezember 1838 mit
Carl Haffner's Posse: „Lady Fee und der Holzdieb,"
welche aber nicht sonderlich ansprach.

Im Anfange war er gesonnen, die Gesellschaften beider Theater strenge gesondert zu halten; da aber das Leopoldstädter Theater außer der tüchtigen Local-Schauspielerin
und Sängerin, Frau Rohrbeck, gar kein Mitglied auf-
zuweisen hatte, welches im Stande gewesen wäre, das Publikum besonders anzuziehen, so sah er sich bald genöthigt,
beide Gesellschaften zusammenzuschmelzen, und die Mitglieder nach Bedarf bald auf diesem, bald auf jenem Theater
zu verwenden.

Die Nothwendigkeit, nunmehr zwei Theater mit neuen
Stücken zu versehen, brachte Carl zu dem Plane, diejeni-
gen Dichter, welche bisher für seine Bühne geschrieben hatten, ohne dazu verpflichtet zu sein, durch förmliche Verträge derart an sich zu fesseln, daß sie sich nicht nur ver-
pflichteten, für keine anderen Bühnen, als die unter seiner
Leitung stehenden, zu schreiben, sondern auch eine bestimmte
Anzahl von Stücken und zu gewissen Terminen abzuliefern; kurz, aus dem Dichter einen Fabrikanten zu machen, der ihm, dem Kaufmanne, jährlich zu gewissen Zeiten
eine Partie Waare abzuliefern hatte.

Hätte ich damals, als Carl mir den ersten derartigen

Contract anbot, meine jetzige Erfahrung und die richtigere Ansicht der Verhältnisse gehabt, nichts in der Welt hätte mich zur Unterschrift bewegen können!

Allein ich war erst in meinem fünfundzwanzigsten Jahre. Die Versprechungen, daß die Stücke eines förmlich in Engagement stehenden Dichters vor allen übrigen bevorzugt, und mit besonderer Sorgfalt in die Scene gesetzt werden sollten, ferner die Zusicherung eines regelmäßigen monatlichen Einkommens bestimmten mich, der ich noch keinen höheren Genuß kannte, als den, meine Stücke aufgeführt zu sehen, zur leichtsinnigen Annahme des Antrages, ohne zu ahnen, welch' trübe Stunden ich mir durch die Unterschrift meines Namens auf einem so verhängnißvollen Blatte Papier — Contract genannt — bereiten würde.

Ich will erzählen, worin die Hauptbedingungen meines ersten Vertrages bestanden, welchem übrigens die Verträge aller übrigen gleichzeitig engagirten Dichter vollkommen glichen, mit dem einzigen Unterschiede der Ziffer, das heißt, entweder der Anzahl der zu liefernden Stücke, oder des Gehaltsbetrages. Die Verpflichtung für Carl's Bühnen ausschließend zu schreiben, stand natürlich obenan, und war dabei für den Fall, daß der Dichter dennoch einem andern Theater ein Stück zur Aufführung überlassen hätte, ein von Seite des letzteren alsogleich an Carl zu entrichtender Strafbetrag von Einhundert Gulden für jede Aufführung, die ein solches Stück auf einer andern Bühne erleben würde, festgesetzt.

Ferner war ich verbunden, in jedem Jahre sechs neue, den ganzen Abend ausfüllende Stücke, und zwar in dem Zwischenraume von je zwei zu zwei Monaten, abzuliefern; diese Stücke mußten dem Director genehm sein, widrigen Falles, oder wenn die Censur eines derselben nicht genehmigte, das Stück als nicht geliefert zu betrachten, und durch ein neues zu ersetzen war. Doch blieb mir im ersteren Falle, wenn nämlich ein Stück von Carl zurückgewiesen wurde, das Recht, dasselbe, jedoch ohne alle wie immer gestaltete Aenderung durch Zusatz oder Kürzung, einer anderen Bühne zur Aufführung zu überlassen.

Drittens war ich durch diesen Vertrag gehalten, alle von Carl angegebenen Aenderungen in meinen Stücken vorzunehmen.

Viertens, auch Umgestaltungen und Verbesserungen in anderen, nicht von mir verfaßten Stücken, sobald Carl es verlangte, in möglichst kurzer Zeit zu bewerkstelligen.

Für alle diese Leistungen bestand die Gegenverpflichtung Carl's, der übrigens das Recht hatte, wann es ihm immer beliebte, den Contract gegen vorhergegangene sechswöchentliche Kündigung zu lösen, nur darin: daß er — ich wiederhole es — für sechs, zu bestimmten Zeiträumen abzuliefernde, seine Zufriedenheit findende, von der Behörde nicht beanständete Stücke, ferner noch für alle mir auferlegten anderweitige Arbeiten einen Monatsgehalt von — vier und zwanzig Gulden bezahlen mußte!! Von Honoraren außer diesem Gehalte, Tantièmen, Beneficen oder dergleichen, war keine Rede.

Somit kam ihm ein, von einem vor allen übrigen bevorzugten, engagirten Dichter, geliefertes Stück, es mochte nun noch so viele Aufführungen erleben, auf achtundvierzig Gulden zu stehen.

Uebrigens war die Dauer dieses meines ersten Ver=
trages nur auf zwei Jahre festgesetzt, und sowohl dies,
als Carl's Versicherung, daß er auch die übrigen drücken=
den Vertrags=Puncte mehr der Form wegen festgesetzt habe,
und nicht auf ihre genaue Erfüllung dringen werde, ver=
leitete mich, ein so wenig lucratives Contracts=Verhältniß
einzugehen.

Allein Carl wußte die Gelegenheit zu erfassen, um
mich, wenn er bei meinem Engagement seinen Nutzen fand,
unter geringen Aufbesserungen noch auf längere Zeit an
sich zu fesseln.

Nachdem nämlich mein erstes contractlich geliefertes
Stück: „Die Dienstbothenwirthschaft" über dreißig Vor=
stellungen bei vollem Hause erlebt, mein zweites, „Das
Preisstück" betitelt, eine sehr beifällige Aufnahme ge=
funden hatte, und das dritte, unter dem Titel: „Wer
wird Amtmann?" ein Cassastück ersten Ranges ge=
worden war, und dem Director Carl über zehntausend Gul=
den getragen hatte, während er recht wohl wußte, daß ich
mit dem mir ausgesetzten Monatsgehalte kaum die magerste
Existenz bestreiten konnte: ließ er mich zu sich bitten, war
verschwenderisch mit freundlichen Worten, und eröffnete mir
großmüthigst, daß er, in Anerkennung meines Talentes
und meines Fleißes, meine Lage verbessern, und mir im
zweiten Contractsjahre monatlich vierzig, für die ferneren
Jahre aber fünfzig Gulden bewilligen wolle, wenn ich
mich zu einer Verlängerung des bestehenden Vertrages
auf weitere drei Jahre herbeilassen würde.

Wie er, schlau berechnend, vorhergesehen hatte, war

5 *

ich bereits zu der Erkenntniß gekommen, daß ich mit meinem bisherigen Einkommen kein zweites Jahr mehr bestehen konnte, und daß ich daher den Antrag, welcher mir früher schon ein, wenn auch nur um wenig verbessertes Loos bot, ergreifen müsse; so wie Carl überhaupt die Verlegenheiten Anderer stets für sich nutzbringend auszubeuten mußte.

Ich war also auf fünf Jahre an ihn gebunden. Anfangs fühlte ich den Druck nicht so sehr; denn Carl verstand es, durch sein Benehmen, durch seine ihm billig zu stehen kommenden Artigkeiten u. s. w., mich noch immer für sich eingenommen zu erhalten. Bald aber sollten mir die Schuppen von den Augen fallen!

Eine tiefe Gemüths = Verstimmung in Folge einer zu Grabe getragenen Hoffnung meines Herzens, von welcher Angelegenheit Carl sehr genaue Kenntniß hatte, setzte mich durch einige Zeit außer Stand, der heiteren Muse zu opfern, und ich hatte somit die Termine zur Ablieferung der Stücke versäumt. — Da, mit einem Male, obwohl ich durch vier Jahre allen meinen Verpflichtungen nachgekommen war, und während dieser Zeit in der That nicht weniger als vierundzwanzig Stücke geliefert hatte, welche sich alle einer beifälligen Aufnahme erfreut hatten, und wovon mehre wahre Cassa = Stücke geworden waren, stellte mir Carl ohne weiters den Bezug meines Gehaltes ein, ohne mich jedoch meines Contractes zu entheben.

Er wußte, daß ich, der Sohn unbemittelter Eltern, außer meinem ohnehin nicht reichen Gehalte, kein anderweitiges Einkommen besaß; daß ich durch eine solche Maß=

regel gezwungen war, mich Wucherern in die Hände zu ge=
ben, und doch blieb er hart bei allen Vorstellungen, und
bestand auf der Zurückhaltung meiner Bezüge, und zwar
in so lange, bis ich nicht nur den Rückstand aufgearbeitet,
sondern auch gleichzeitig die im fortbestehenden Contracte
enthaltenen Verpflichtungen erfüllt haben würde.

Fünf Monate vergingen so. Ich hatte mich, von der
eisernen Nothwendigkeit gezwungen, wieder an die Arbeit
gemacht, und ihm einige Stücke übergeben; er wies sie alle
als unaufführbar zurück, und ließ mich darben!

Eines dieser von ihm zurückgewiesenen Stücke sollte
mich aber von dem Ruine, dem mich seine Maßregel ge=
radezu entgegentrieb, bewahren. Es war die Posse: „Der
Krämer und sein Commis", welche er ebenfalls, als
durchaus nicht zur Aufführung geeignet, mir mit einem
diese seine Ansicht aussprechenden Briefe zurückgesandt hatte.
Ich machte von dem mir contractlich zustehenden Rechte
Gebrauch, und übergab dieses Stück, unverändert, wie es
war, dem Theater in der Josefstadt, welches damals unter
der Leitung des Directors Franz Pokorny stand.

Dieser Ehrenmann, welcher in jeder Beziehung mit
Carl einen scharfen Contrast bildete, hätte sich, obwohl selbst
nicht reich, dennoch geschämt, einem Dichter solche Bedin=
gungen zu stellen, wie der Millionär Carl. Er war der
Erste, welcher in Wien die Honorirung der Dichter durch
die Tantième eingeführt hatte — (das Hofburgtheater führte
diese erst später ein).

Mein Stück wurde angenommen, und bewies schon
bei der ersten Vorstellung durch den überaus günstigen Er=

folg, den es fand, daß es denn doch nicht, wie Carl mir schriftlich erklärt hatte, so gänzlich unaufführbar sei.

Es war übrigens, was das fernere Erträgniß betrifft, für mich und Pokorny ein Glück, daß ein hiesiger Kaufmann in dem Stücke Bezüglichkeiten auf sich finden wollte, nach der dritten Aufführung die vorläufige Einstellung der Vorstellungen erwirkte, und gegen mich klagbar auftrat.

Eben dadurch wurde das Stück und sein Inhalt zum Stadtgespräche, und nachdem es mir gelungen war, die Klage meines Gegners als unbegründet zurückzuweisen, und ich somit nach einer Unterbrechung von zwölf Tagen, die behördliche Erlaubniß zur Wiederaufführung des Stückes erhalten hatte, erlebte dieses in ununterbrochener Reihenfolge fünfzig Vorstellungen bei stets vollem Hause und trug mir an Tantièmen, Separat = Honoraren und Benefice-Erträgnissen mehr als tausend Gulden!

Ein, noch dazu von Carl zurückgewiesenes, Stück hatte mir also einen reicheren Gewinn gebracht, als zehn von ihm angenommene und auf seiner Bühne aufgeführte Stücke.

Dies änderte nun freilich meine Stellung gegen ihn. Ich hatte das Selbstvertrauen, welches Carl's stetes Verwerfen meiner Arbeit beinahe erstickt hatte, wieder gewonnen, — hatte nun erst erfahren, wie eine Direction honoriren könne, ohne doch dabei selbst zu Schaden zu kommen, und erklärte ihm daher offen, daß er sich mir nicht mehr gefällig beweisen könne, als wenn er alle meine Stücke zurückwiese.

Allein Carl that dies von nun an nicht mehr; im

Gegentheile, er machte alsbald meine Bezüge wieder flüssig, und war auf jede Art bemüht, das frühere freundschaftliche Verhältniß wieder anzubahnen. Man wird jedoch begreifen, das ihm dies nicht mehr gelingen konnte, da einerseits er selbst nicht der Mann war, welcher bei aller Zurschaulegung äußerer Freundlichkeit, es jemals in seinem Innern vergessen konnte, daß ihm einer seiner Untergebenen (in deren Reihe er auch die bei ihm angestellten Dichter stellte) einmal trotzend entgegen gestanden: anderseits aber vor meinen durch bittere Erfahrung enttäuschten Augen der Nimbus zerflossen war, in welchem ich früher die so Manchen bestechende Persönlichkeit Carl's gesehen hatte.

Man wähne übrigens nicht, daß Carl nur gegen mich so hart verfuhr. Die meisten der bei ihm angestellten Dichter erlebten ähnliche Schicksale.

Ich nenne zum Belege dieser Behauptung Herrn Carl Haffner, welcher in manchen seiner Bühnenwerke ein schönes poesiereiches Talent beurkundete, dessen Muse aber unter dem Drucke eines Carl'schen Engagements verstummte.

Ich weise auf den, nunmehr durch seine Leistungen im Theater an der Wien immer beliebter werdenden jungen Volksdichter, Herrn Bittner hin, welcher zwar so glücklich war, gleich beim ersten auf Carl's Bühne zur Aufführung gekommenen Stücke: „Eigenthum ist Diebstahl" die eigenmächtige Gebarung Carl's und die Schmälerung des redlich verdienten Lohnes in einer Weise kennen zu lernen, die ihn abschreckte, sich in weitere Verbindung mit dieser Direction einzulassen..

Ich citire ferner das Schicksal eines talentirten Anfän-

gers, Namens Flamm, den Carl, nach seinem ersten
mit Beifall aufgenommenen Stücke: „Ein armer Millionär," gleichfalls für seine Bühne, natürlich ebenso mit der
Bedingung der zu bestimmten Terminen abzuliefernden
Stücke engagirte, in dessen Contract er aber noch den Pa-
ragraf hinzugefügte, daß Herr Flamm für jeden Tag,
welcher über den festgesetzten Termin verginge, ohne daß das
bedungene, zur Aufführung geeignet befundene Stück abge-
liefert wäre, einen Strafbetrag von zehn Gulden Münze
zu erlegen hätte! Flamm lieferte nun, und zwar zum festgesetzten Termine ein Stück; dieses wurde aber nicht angenommen, und somit hätte er, um nicht in den erwähnten
Pönfall zu kommen, noch an demselben Tage ein neues
Stück beginnen, beenden und einreichen müssen!! Dies
war ein Ding der Unmöglichkeit; und Flamm, dessen
einmal auf Jahre abgeschlossner Vertrag ihn hinderte, für
eine andere Bühne zu schreiben, verschwand aus der Reihe
der hiesigen Volksdichter, in welcher er unter nicht ungünstigen Auspicien debutirt hatte.

Ich frage endlich selbst Herrn Nestroy, ob das in
den letzteren Jahren eingetretene längere Schweigen seiner
Muse, so wie mancher minder günstige Erfolg eines oder
des andern seiner Stücke, nicht wesentlich auf Rechnung
der gereizten Stimmung zu schreiben sei, in welche ihn
Carl's Rücksichtslosigkeit versetzen mußte? — Ich verweile
absichtlich länger bei der Erörterung dieser Verhältnisse,
weil ich in der Stellung, welche die Volksdichter gegenüber
dem Theatervorstande einnehmen, in der Art und Weise, wie
das Streben jener von diesem begünstigt oder gehemmt

wird, den Hauptgrund des Blühens oder Verfallens der Volksbühne im Allgemeinen zu finden glaube. — Ja, ich fühle mich gedrungen, bei diesem Anlasse die Bemerkung auszusprechen, daß die allgemein von Seite der Kritik und des Publikums laut werdende Klage über die Seltenheit durchausgelungener Stücke eben durch das Institut der engagirten Dichter hervorgerufen sei.

Frei in seinem Schaffen muß der Dichter, er möge sich nun in einem höheren Genre bewegen, oder seine Gebilde dem Volksleben entnehmen, vor Allem sein; er darf nicht, weil eben ein geldbedürftiger, oder geldgieriger Director eine Novität braucht, sondern nur dann, wenn entweder Begeisterung oder die glückliche Laune ihn drängt, die Feder ergreifen. In solchen Stunden mag er rasch und flüchtig schreiben; aber dann muß ihm noch Zeit gelassen werden, sein erstes Concept selbst zu prüfen, und sorgsam die Feile anzulegen, ehe er mit seinem Werke vor das Publikum tritt, dem er, er allein, verantwortlich ist. Würde dies jedem Dichter gestattet sein, dann hätten wir wohl allerdings wenigere, aber gewiß bessere Bühnenstücke! —

Aber wie ist ein dichterisches Produciren möglich, wenn der Dichter den festgesetzten Termin, an welchem sein Stück fertig sein muß, im Auge habend, sehr oft inerte Minerva sich an sein Pult setzen muß; wenn ihm, wie es unter Carl's Leitung mir und Andern oft geschah, die einzelnen Bogen von einem Abgesandten des Directors entrissen werden; wenn er oft, am zweiten Acte schreibend, nicht mehr durchlesen kann, was er im ersten Acte geschrieben; wenn

er endlich, nachdem das Stück fertig ist, aus besonderen
Rücksichten, welche die Direction für einen oder den andern
Schauspieler, öfter aber noch für eine Schauspielerin
hegt, überredet oder — gezwungen wird, ganze Charactere
neu umzugestalten, gegen seinen Willen die Wahrscheinlich=
keit und Natürlichkeit aufzuopfern, und dem leidigen Thea=
ter=Effecte zu huldigen?!

Diese Ansichten sprach ich oft gegen Carl aus, aber
immer ohne Erfolg. —

Sein Grundsatz war unerschütterlich: ein Bühnenleiter
müsse sich durch die Quantität im Voraus für die im=
mer zweifelhafte Qualität der Stücke entschädigen
(denn unter einem guten Stücke verstand er nur jenes,
welches Geld trug). Während Publikum und Kritik es mir
zum Vorwurfe machten, daß ich zu viel schriebe, schrieb
ich ihm immer zu wenig; und als ich einmal die spätere
Ablieferung eines Stückes damit entschuldigte, daß ich das=
selbe nochmals mit mehr Sorgfalt durchgehen, und feilen
wolle, um damit nicht blos vor der Menge, sondern auch
gegenüber dem Urtheile der Kenner ehrenvoll zu bestehen,
warnte er mich vor — „falschem Ehrgeiz!" — Was hätte
Herr Carl dem guten Horaz auf sein „nonum prematur
in annum" geantwortet?

Zu der Rücksichtslosigkeit gegen den Dichter gesellte
sich aber noch eine, diesen oft zur Verzweiflung bringende
Eigenmächtigkeit. Er änderte oft, ohne den Verfasser zu
fragen, ganze Scenen, und — wahrlich selten zum Vor=
theile des Stückes; — denn auch in seinen Concepten schlug
der alte „Staberl" häufig durch, was man auch sattsam

an seinem Stile bemerken konnte, so oft er sich in eine
Polemik mit einem Journale einließ, in welchen Fällen er
immer vor dem Richterstuhle des unbefangenen Publikums
den Kürzeren zog.

Man möge aber nicht glauben, daß Carl etwa nur
gegen die Producte der Volksmuse sich solche Eigenmächtig=
keiten erlaubte. Die herrlichen Schöpfungen unserer ersten
Classiker wurden nicht minder ein Opfer seiner Willkühr,
sobald er — was zum Glücke selten geschah — eine der=
selben auf seiner Bühne zur Aufführung brachte. Ich er=
innere hier nur an Schiller's zum trivialen Spectakelstücke
bei lebendigem Theater umgewandeltes Drama: „Die Jung=
frau von Orleans" — an die in den Annalen der
Bühne in ihrer Art einzig bastehende Inscenesetzung von
Göthe's „Faust" — an die unwürdige Darstellung von
Grillparzer's herrlichem Märchen: „Der Traum ein
Leben", bei welcher, nachdem Carl's Rothstift wahre Hel=
denthaten verübt hatte, noch in decorativer Beziehung der
Unsinn geschah, daß bei der ersten Aufführung statt des
Innern einer persischen Rohrhütte, eine ganz gewöhnliche gut
österreichisch gesinnte Bauernstube mit mächtigem Kachelofen
verwendet wurde, deffen Beseitigung erst auf die bringende
Verwendung des Regisseurs, Herrn Grois, bei der zweiten
Vorstellung durch eine darüber gehängte Strohdecke erfolgte.

Das Wort „Pietät gegen Meisterwerke" war Herrn
Carl fremd. Auch kannte er die wenigsten Schöpfungen
unsrer ersten Dichter; ja, er rühmte sich sogar, seit 28
Jahren kein anderes Werk gelesen zu haben, als jene Stücke,
die ihm zur Aufführung eingereichet wurden! —

Denselben Vandalismus, den er gegen die Werke der Poesie übte, offenbarte er auch gegen die ihr verwandten, und auf der Bühne mit ihr Hand in Hand gehenden Künste, die Musik und die Malerei. — Für beide fehlte ihm jeder Sinn. In Bezug auf seine Anordnungen in musikalischer Hinsicht können sämmtliche bei ihm angestellt gewesene Kapellmeister als Zeugen für die Wahrheit meiner Behauptung auftreten.

Namentlich hatte der als Dirigent und Compositeur rühmlich bekannte Herr Adolf Müller manch' harten Strauß mit ihm zu bestehen; so wie der, lange Jahre als Decorateur bei ihm angestellte Maler, Herr de Pian, oft seine liebe Noth hatte, um sich mit ihm zu verständigen. Ein kleines Beispiel aus meinen Erlebnissen möge genügen. In dem Stücke: „Die drei Eichen" hatte ich eine Decoration angeordnet, auf welcher diese drei Bäume dargestellt werden sollten, welche, wie im Verlaufe des Stückes wiederholt erwähnt wird, schon über hundert Jahre alt waren, und an die sich Sagen der Vorzeit knüpften. Carl, der immer schwer daran ging, eine neue Decoration anfertigen zu lassen, ließ Herrn de Pian kommen, und befragte ihn, ob im Decorations-Magazine nicht drei Bäume vorräthig wären? Dieser erwiederte, daß allerdings solche vorhanden seien, allein es wären drei schmächtige Bäumchen, mit geraden, kaum einen halben Schuh breiten Stämmen, die in einem früheren Stücke als Zwetschken-Bäume figurirt hätten. „Das thut nichts", erwiderte Carl, „malen Sie Eichenblätter darauf!" Und so fand ich wirklich, als ich auf den Malersaal kam, die drei aus Pappe ausgeschnitzten Zwetschken-Bäumchen bereit liegen, um durch ein paar Pinselstriche zu hundertjährigen Eichen metamorfosirt zu werden. Erst nach einer ziemlich stürmischen Einrede konnte Carl, der doch das Stück gelesen hatte, um es selbst in die Scene zu setzen, bewogen werden, die Anfertigung einer neuen De-coration zu genehmigen, welcher Aufgabe sich de Pian freudig unterzog, und bald ein jeder Anforderung genügen-des Bild lieferte.

Und trotz all' diesem Mangel an wahrem Kunstsinne, trotz einem Wissen, das in allen Fächern, die nicht mit dem industriellen Theile seines Geschäftes in Berührung kamen, sich nur höchst oberflächlich erwies, trotz der unläug-baren Thatsache, daß er nie ein edleres Ziel anstrebte, son-dern auch dem verderbtesten Geschmacke des Publikums hul-digte, und denselben noch durch die Vorführung der unsitt-lichsten Stücke nährte, so lange ihm daraus Gewinn er-wuchs, fand Carl dennoch Apologeten, die ihn als Pro-totyp eines Bühnenleiters ausposaunten!! Freilich bezeich-net Carl in seiner letztwilligen Verfügung selbst die Lei-tung eines Theaters nur als ein industrielles Ge-schäft — und von diesem Standpuncte aus betrachtet hat er sein Ziel erreicht — er ist Millionär geworden!

Nach dieser etwas breiteren Abschweifung kehren wir wieder zur Erzählung der ferneren Ereignisse zurück, unter welchen die Einführung des Vaudevilles auf der deutschen Bühne am bemerkenswerthesten erscheint.

Im Jahre 1842 erschien nämlich Madame Brüning-Wollbrück zum ersten Male als Gast auf dem Theater in der Josefstadt. Ihr lebhaftes, wenn auch mitunter zu

scharf markirendes Spiel, ihre schöne Stimme und ihre
liebliche Gesangsweise errangen stürmischen Beifall, und
Carl, welcher erkannt hatte, daß die Local-Posse allein
nicht genüge, um zwei Bühnen zugleich für das Publikum
anziehend zu machen, fand in dieser Sängerin und Dar-
stellerin die Stütze eines neuen Genres, das er auf seiner
Bühne zur Geltung bringen wollte, nämlich des Lieder-
spiels nach französischem Muster, „Vaudeville" genannt.

Er engagirte Madame Brüning mit einem Jahres-
gehalte, welcher mit allen Nebenbezügen beinahe den Betrag von siebentausend Gulden erreichte, auf zehn Jahre.

Sie trat im Theater an der Wien am 27. November
1842 zum ersten Male als „Chonchon" in dem Vaudeville gleichen Namens auf, erregte stürmischen Beifall, und
übte anfänglich eine solche Anziehungskraft, daß dieses
Stück vierzig Vorstellungen erlebte. — Aehnliche Erfolge
erzielte sie in den Stücken: „Die Tochter des Regimentes —"
„Die Verlobung vor der Trommel" — „Doctor und Fri-
seur" — „Des Schauspielers letzte Rolle" u. s. w.

Die glänzenden Resultate, welche Carl mit dieser
Gattung von Vorstellungen im Verlaufe des ersten Jahres
erreichte, brachten ihn zu der Meinung, daß diese dem
Geschmacke des Publicums auch auf die Dauer genügen,
ja demselben eine ganz andere Richtung geben würden. Er
verwies daher die Local-Posse, die er bereits für todt erklärte, gänzlich in das von ihm anfänglich ziemlich vernachläßigte Leopoldstädter Theater, und räumte das Theater
an der Wien fast ausschließend dem Vaudeville ein, worin er
selbst und Madame Brüning immer die Hauptrollen spielten.

Aber die überrheinische Kost kitzelte nur für kurze Zeit den Gaumen des Publikums, welches sich wieder nach seinem nationalen Lieblingsgerichte, der Volksposse, zu sehnen begann. Gerade die Monotonie der Vorstellungen ermüdete zuletzt, und es bewährte sich, daß Carl bedeutend im Irrthum gewesen, wenn er die Posse für todt gehalten hatte; denn sie erwachte bald aus ihrem Schlummer mit erneuter Kraft, und hob das bereits übermüthig auf hohem Pferde prangende Frankenkind „Vaudeville" wieder aus dem Sattel.

Die alten Lieblinge, Nestroy und Scholz, traten wieder in den Vordergrund, und selbst Madame Brüning mußte sich herbeilassen, in der Local-Posse mitzuwirken.

V.

Verkauf des Theaters an der Wien. — Carl und Pokorny. —
Bau des Carl-Theaters, — Carl Treumann.

Der 23. April des Jahres 1845 führte einen mächtigen
Umschwung in Carl's Schicksal herbei.

Die Gläubiger der Ruschowsky'schen Erben dran=
gen ungestümer als je, auf einen Verkauf des Theaters.
Es wurde wiederholt dem Director Carl zum Kaufe
angeboten — und ·er hätte es um den gewiß geringen
Preis von 145.000 fl. an sich bringen können; aber sein
Glaube, daß sich bei der nunmehr in Aussicht stehenden
Licitation eben so wenig ein Käufer finden werde, wie bei
der schon früher veranstalteten, und daß er es dann um
einen noch billigeren Preis bekommen könne, war so fest,
daß er, als es wirklich zur Licitation kam, nicht einmal
einen zur Mitsteigerung Bevollmächtigten dahin sandte.
Sein Vertreter, Herr Doctor Hye von Hyeburg, er=
hielt nur den Auftrag, als Augenzeuge zugegen zu sein,
um sogleich das Ergebniß berichten zu können.

Carl begab sich ruhig, als ob nichts für ihn Bedeut=
sames in der Schwebe wäre, auf die Generalprobe des für
diesen Tag zur Aufführung angesetzten neuen Nestroy'schen

Stückes: „Unverhofft", und leitete dieselbe, scheinbar ohne
alle innere Unruhe. Plötzlich eilte Kapellmeister Müller
auf die Bühne, und meldete, ein eben aus der Stadt
kommender Bekannter habe ihm mitgetheilt, daß das Theater von dem Director Pokorny gekauft worden sei.

Carl schüttelte unglaubig das Haupt, meinte, diese
Nachricht bedürfe noch sehr der Bestätigung, und setzte
seine Probe fort.

Bald darauf zeigte sich aber Herr Doctor Hye hinter den Coulissen; Carl eilte auf ihn zu und dieser be-
stätigte das, was Müller schon früher erzählt hatte, daß
nämlich Pokorny das Theater an der Wien um den
Preis von 199.000 fl. erstanden habe! — Da entfärbte
sich Carl dennoch; — aber bald bemeisterte er sich wieder, suchte eine heitere Miene zu erkünsteln, und führte
die Probe bis zu Ende fort.

Das Peinlichste für ihn mochte wohl sein, daß eben
Pokorny, dem er immer als Feind gegenüber gestanden,
seit dieser durch die stets zunehmende Gunst des Publikums
für ihn ein nicht ungefährlicher Rival geworden war, das
Theater erstanden hatte, ja, daß er sich nun sogar bittlich
an ihn wenden mußte, um die Bewilligung zu erhalten, in
dem Theater an der Wien, welches nunmehr Pokorny's
Eigenthum war, noch einige Vorstellungen zu geben.

Am Abende des 23. April — des nämlichen Tages,
an welchem das Theater verkauft worden — war dasselbe
in allen Räumen überfüllt. Dies war und ist zwar immer noch bei allen ersten Vorstellungen Nestroy'scher
Stücke der Fall; aber dieses Mal hatte der ganz unge-

Theaterdirector Carl.   6

wöhnliche Andrang des Publikums noch einen zweiten
Grund in der Erwartung, daß Carl mit seinem Personale schon diesen Abend feierlich Abschied von dieser Bühne
nehmen werde. Da aber mittlerweile die erbetene Bewilligung,
noch bis zum 30. April die Vorstellungen fortzusetzen, von
dem neuen Eigenthümer in edler Uneigennützigkeit ertheilt
worden war, so fand erst an dem zuletzt genannten Tage
der Abschied statt.

Bei abermals überfülltem Hause, in welchem selbst
der allerhöchste Hof anwesend war, wurde zu diesem Zwecke
ein großes Quodlibet gegeben, welches, aus Scenen der
beliebtesten Stücke zusammengesetzt, allen vorzüglichen Mitgliedern der Carl'schen Gesellschaft Gelegenheit bot, ihre
oft bewährte Wirksamkeit zu entfalten. Die Vorstellung
ging unter der regsten Theilnahme vor sich, und das Publikum ward nicht müde, seinen Lieblingen die reichsten Beweise seiner Gunst zu geben. — Nach dem Schlusse der
Vorstellungen erhob sich aber der Vorhang auf's Neue,
alle Mitglieder des Theaters waren zu beiden Seiten ge-
reiht, in ihrer Mitte stand Carl, trat vor, und begann
folgende Abschiedsworte an das Publikum zu richten:

„Zum letzten Male erscheine ich heute vor Ihnen in
diesen Räumen, ein doppeltes Gefühl im Herzen tragend,
das der Trauer — und das der Freude! — Der Trauer
weil ich eine Anstalt verlasse, die ich vor zwanzig Jahren
als ein sterbendes Kind getroffen, vom Tode errettet,
und durch Ihre Güte unterstützt, seither gepflegt, genährt,
und zu einem gesunden, kräftigen Dasein emporgehoben
habe."

„Doch wieder freudig schlägt mein Herz bei dem süßen Bewußtsein, daß ich mich nur von diesem Hause trenne — von Ihnen — so lange mein Lebensgeschick mir Thatkraft vergönnt, nie! —"

„Erhalten Sie mir, und meinen treuen, thätigen Mitgliedern, die Sie hier um mich versammelt sehen, jenes Wohlwollen, dessen Sie uns so lange gewürdigt, und besuchen Sie uns recht oft in jenen bescheidenen Räumen, wohin wir für jetzt gewiesen sind, unser Wirken zu entfalten. Uebersehen Sie die nicht einladende Schale dem Kern zu Liebe, der Ihnen so oft gemundet! — Lassen Sie mir die Wahrnehmung Ihrer Sympathie für mein neues Unternehmen angedeihen, ich verspreche Ihnen dagegen: daß in kürzester Zeit das veraltete Theaterhäuschen nahe am Donaustrande wie durch einen Zauberschlag sich in einen stattlichen Tempel des Frohsinns und der Heiterkeit verwandeln soll!"

„Sie haben mir so schmeichelhafte Beweise Ihrer Aufmerksamkeit und Theilnahme gegeben, daß ich es wagen darf, Sie zu bitten, auch mir zu erlauben, Ihnen einen schwachen Beweis meines unbegränzten Dankes an den Tag zu legen."

„Als nunmehriger Vorstand Eines Theaters bin ich in die traurige Lage versetzt, wenn auch nur einen kleineren Theil — aber dennoch manches Glied meines großen Vereines sogleich verabschieden zu müssen; erlauben Sie mir daher, daß ich denjenigen, die dieses Loos trifft, das ganze Erträgniß der heutigen, so reichlichen Einname, in Ihrem Namen, als augenblickliche Unterstützung zuwende."

6 *

„Sie haben uns so lange Ihren Schutz angedeihen lassen, es können aber Augenblicke kommen, wo wir mehr als Ihres Schutzes, wo wir Ihrer Rechtfertigung bedürfen! Entziehen Sie uns dann auch diese nicht! Diesem Hause, für immer, ein herzliches Lebewohl, Ihnen für immer, ein freudiges Willkommen!"

Diese Rede wurde mehrmals von lebhaften Beifallsrufen unterbrochen, und zum Schlusse mit einem fast nicht enden wollenden Applause erwidert; denn, wenn sich auch Carl persönlich gerade in jener Zeit im Publikum einer um so geringeren Gunst erfreute, als sich dieselbe dem durch seine Biederkeit, seinen bei allen Gelegenheiten bewährten Wohlthätigkeitssinn und seine Billigkeit gegen seine Mitglieder immer beliebter werdenden Director Pokorny zugewandt hatte, so erblickte man doch in diesem Augenblicke in ihm den Repräsentanten einer Anstalt, deren Mitglieder dem Publikum so viele heitere Abende verschafft hatten, und welche man nun ungern von diesem Schauplatze ihres Wirkens scheiden sah.

Die Einname dieses Abends belief sich auf nahe an 1300 Gulden, und wurde an die entlassnen Mitglieder vertheilt. Wenn man erwägt, wie reich Carl seine augenblicklich entlassenen Mitglieder damals, bei seinem Abschiede von dem Publikum, bedachte: so begreift man nicht, wie er bei seinem Abschiede vom Leben, nämlich bei der Abfassung seines letzten Willens, in Bezug auf seine Mitglieder eine Verfügung treffen konnte, welche, seine Rücksichtslosigkeit noch über seinen Tod hinaus erstreckend, viele derselben augenblicklich, und ohne alle Entschädigung zu ent-

laſſen rieth, wenn den Erben daraus ein Gewinn erwach-
ſen könnte!

Damals freilich, beim Abſchiede vom Publikum errang
er durch die überraſchende Offenbarung ſeines großmüthigen
Entſchluſſes, lebhaften Applaus; hätte er nicht daran denken ſollen, daß es erhabner ſei, beim Abſchiede vom Leben,
wie Auguſtus, die das Sterbebett umſtehenden Freunde
lächelnd fragen zu können: „Habe ich die Rolle meines
Lebens gut geſpielt?" und auf ihre Bejahung, mit den Worten: „Plaudite, amici!" die Augen für immer zu ſchließen?!

Uebrigens war wohl das Ergriffenſein und der Schmerz,
welchen Carl bei der oben citirten Rede an den Tag legte,
nicht etwa bloß erkünſtelt. Er betrauerte wirklich den Ver-
luſt dieſes Theaters, welches in Bezug auf ſeine Größe,
ſeine Bauart, und die Zweckmäßigkeit der innern Einrichtung das ſchönſte Theater Wiens genannt zu werden verdient, deſſen vorderen Tract er ſeit zwanzig Jahren als Wohnung benützt, und dieſe erſt vor kurzer Zeit auf das glän-
zendſte neu eingerichtet hatte.

Er ſandte deßhalb auch ſchon einige Tage nach dem
Verkaufe einen Vermittler an Pokorny, und ließ letzte-
rem eine Summe von 50.000 fl. über den Kaufſchilling
bieten, und wollte ſomit dieſe Realität, welche er noch vor
Kurzem um 145.000 fl. hätte haben können, jetzt um
249.000 fl. erſtehen. — So arg hatte ihn diesmal ſeine
Berechnung getäuſcht! —

Pokorny wies aber das Anerbieten zurück, übernahm bald nachher ſein neues Eigenthum, ließ es vom
Grunde aus renoviren, und eröffnete es erſt im Herbſte

desselben Jahres wieder mit einem Vorspiele von Meisl und der Oper: „Stradella" von Flotow.

Nachdem Carl mit seiner Gesellschaft auf die Insel hinübergewandert war, ließ er zuerst das alte Theater mit vielem Geschmacke im Rococo = Stile decoriren und gab dort Vorstellungen, deren Repertoire größtentheils aus älteren Possen bestand. Erst im Jahre 1847 schritt er an die Ausführung des lange gehegten Planes, nämlich an die Erbauung eines neuen Theaters.

Er mochte diesen Gedanken schon lange vorher, ehe er noch an den Verlust des Theaters an der Wien dachte, gefaßt haben; denn schon während seiner im Jahre 1843 in Begleitung des Decorateurs, Herrn de Pian, und des Theatermeisters, Herrn Sußbauer, unternommenen Reise nach Paris, hatte er sich in dieser Weltstadt alle Theater und deren innere Einrichtung genau besehen, von ihrer Ausschmückung Zeichnungen abnehmen lassen, und auch einige Bau=Pläne käuflich an sich gebracht.

Um die Zeit, während welcher das alte Theater niedergerissen und das neue erbaut wurde, nicht nutzlos verstreichen zu lassen, wurde in dem damals noch bestehenden Odeon= Saale ein Aushilfstheater errichtet, in welchem die Carl'sche Gesellschaft Vorstellungen gab, die aber keinen besondern pekuniären Gewinn erzielten.

Am 10. Dezember des Jahres 1847 fand die Eröffnung des mit staunenswerther Schnelligkeit in einem Zeitraume von sechs Monaten nach dem Plane der Herren Professoren van der Null und Sieghardsburg erbauten neuen Theaters statt, welches zum Andenken an den Erbauer den Namen „Carl=Theater" erhielt.

So luxuriös die äußere und innere Ausschmückung dieses Gebäudes ist, so hat es doch bedeutende Mängel, welche sich leider nicht mehr abstellen lassen. Abgesehen davon, daß es den Anforderungen der Optik und Akustik nicht vollkommen genügt, besteht ein bedeutender Uebelstand noch darin, daß in dem Gebäude selbst die Garderoben der Schauspieler und die Kanzleien nicht untergebracht werden konnten, für welche deßhalb Localitäten in dem daranstoßenden, nicht Carl gehörigen Zinshause gemiethet, die Mauern durchbrochen, und die Garderoben durch Treppen mit der Bühne in Verbindung gesetzt werden mußten.

Ganz Wien war gespannt, dieses neue Theater zu sehen, und dies veranlaßte Carl, zu hoffen, daß das Haus wegen seiner Neuheit allein, auch abgesehen von dem, was darin geboten würde, durch längere Zeit von Schaulustigen gefüllt sein werde. Er hatte deßhalb für kein größeres neues Stück gesorgt, sondern eröffnete es mit einem, von ihm selbst gesprochenen Prologe, einem kleinen Lustspiele, und der nach Friedrich's Lustspiele: „Ein Stündchen in der Schule" von Nestroy bearbeiteten einactigen Posse: „Die schlimmen Buben."

Obgleich beide Stückchen übrigens ganz nette Bluetten waren, so konnten sie doch nicht würdig genannt werden, zur Feier der Eröffnung eines neuen Theaters zu dienen. Uiberdies hatte Carl eine gewisse allzuängstliche, das Publikum belästigende Controlle für die Entrées angeordnet, und endlich machte die Beschaffenheit des Schauplatzes selbst

welcher eher einen düstern als erheiternden Anblick gewährt,
einen so unbehaglichen Eindruck, daß die Stimmung der
am ersten Abende sehr zahlreichen Versammlung eine ge-
drückte war, und am Ende der Vorstellung der Vorhang
fiel, ohne daß ein Zeichen des Beifalls sich kund gegeben
hätte. — Schon an den nächsten Tagen hatte der Besuch
sehr abgenommen, und Carl, der, wenn man den Kauf-
preis des alten Theaters, dessen frühere Renovirung, endlich die Kosten des Neubaues zusammenrechnet, über eine
halbe Million an dieses Unternehmen gewagt hatte, mußte
befürchten, sich abermals in seiner Vorberechnung auf eine
empfindliche Weise getäuscht zu sehen. — Mißmuth, Aer-
ger und Angst warfen ihn schon damals auf's Kranken-
lager, von welchem ihn aber seine kräftige Natur, unter
Hilfe tüchtiger Aerzte, bald wieder aufhalf.

Es war übrigens ein von ihm selbst verschuldetes
Mißgeschick, daß es ihm gerade um diese Zeit an neuen
Stücken, welche das Publikum hätten anziehen können,
gänzlich fehlte. Nestroy, mit dem zwar Carl noch vor
der Erbauung des neuen Theaters eine Verlängerung des
Vertrages unter für letzteren sehr vortheilhaften Bedingungen abgeschlossen hatte, lieferte ihm zu jener Zeit, außer
dem vorerwähnten kleinen Stückchen keine Novität; ich war
mit ihm im Prozesse begriffen, weil ich die Contracts-Ver-
längerung, deren Grundlage ein mir von Carl mündlich
gegebenes, aber nicht eingehaltenes Versprechen war, nicht
als bindend anerkennen wollte, und meine literarische Thätigkeit dem Institute Pokorny's zugewendet hatte; andere
Dichter endlich waren entweder bereits anderweitig durch

Verträge gebunden, oder fanden keinen Reiz darin, gegen ein mageres Honorar ihre Stücke der Willkühr Carl's zu überlassen; und so fingen selbst die früher so beliebten, aber nun immer nur in längst abgedroschenen Stücken verwendeten Komiker an, monoton zu werden, und ihre Zugkraft einzubüßen. Kurz, es schien beinahe, als habe die Glücksgöttin, welche ihrem Liebling Carl bisher immer freundlich zugelächelt hatte, ihm nun mit einem Male den Rücken zugekehrt.

Das verhängnißvolle Jahr 1848 brachte eine noch größere Stockung hervor, und dies um so mehr, als Carl, trotz seines Alters vom allgemeinen Schwindel ergriffen, sein Geschäft als Theater=Director vernachläßigte, und es vorzog, in der Uniform eines National=Garde=Bezirks=Chefs zu paradiren, oder als Mitglied des Gemeinderathes seine Beredsamkeit zu erproben.

Erst gegen Ende des Jahres 1849, nachdem die politischen Fluthen sich verlaufen hatten, und im Publikum die Theaterlust wieder erwacht war, begann das Carl=Theater sich allmälig eines zahlreicheren Besuches zu erfreuen; doch fiel von dieser Zeit an bis zu Carl's Tode kein Ereigniß vor, welches für diese Bühne von besonderer Bedeutung gewesen wäre, mit einziger Ausnahme des im Jahre 1851 zu Stande gekommenen Engagements des noch jugendlichen Komikers, Herrn Carl Treumann, dessen erste Lorbeern im Theater an der Wien emporgekeimt waren.

Wenn man sich erinnert, daß Scholz durch eine Reihe von fünfundzwanzig Jahren es zu keinem höheren Gehalte, als dem von 1600 fl. bringen konnte, so müssen die Bedingungen, unter welchen der erst seit wenigen Jahren in Wien zur Geltung gekommene Carl Treumann engagirt wurde, nämlich mit einem Gehalte, der, die Spielhonorare, Benefice, u. s. w. mit eingerechnet, fast die Höhe von sechstausend Gulden erreicht, überaus glänzend genannt werden.

Aber Carl's Bereitwilligkeit, auf diese Bedingungen einzugehen, hatte einen doppelten Grund: für's Erste gedachte er das Theater an der Wien, welches durch das Zusammenwirken Rott's und Treumann's eine ihm gefährlich dünkende Zugkraft entwickelte, dadurch zu schwächen, indem er ihm eine der Hauptstützen entzog. und für's Zweite wähnte er in Treumann den Träger eines neuen, erst zu bildenden Genre's gefunden zu haben, welches von nun an mit der Localposse alterniren sollte. Letztere Absicht wurde nicht erreicht, weil es der Direction nicht gelang, außer Herrn Treumann noch mehre darstellende Kräfte zu finden, welche für jenen eine passende Umgebung gebildet hätten, und so blieb nichts übrig, als ihn mit den bisherigen Komikern, Nestroy und Scholz, in eine Reihe zu stellen, und somit der Local-Posse einen neuen Schmuck zu verleihen.

VI.

**Carl's Lebens-Ende, — letztwillige Verfügungen. — Schluß-
betrachtung.**

Zu Carl's Schwächen gehörte auch eine unbegränzte Eitelkeit. Er war nicht nur bis zur Selbstüberschätzung eitel
auf seine allerdings bedeutenden Verstandeskräfte, nicht nur
auf seine Befähigung zur Leitung eines Theaters, nicht
nur auf sein Talent als Darsteller, sondern auch, und zwar
dies im höchsten Grade, auf seine persönliche Liebenswürdigkeit! Es ist nicht zu läugnen, daß all' diese Arten von
Eitelkeit durch seine nächste Umgebung fortwährend genährt
wurden. —

Unter dieser befanden sich Personen, welche es sich
selbst als ein Verbrechen angerechnet hätten, wenn sie jemals so kühn gewesen wären, einer andern Meinung zu
sein, als jener, die Carl einmal ausgesprochen hatte;
welche mit beinahe ekelhafter Speichelleckerei jede seiner
Ansichten für sublim erklärten, und einen noch so beschei-
den gegebenen Widerspruch, den ein Anderer sich gegen
ihren Götzen erlaubte, als freche Anmaßung bezeichneten.

Carl lieh sein Ohr nur allzu gerne solchen Schmeich-
lern, und hielt sich zuletzt selbst für unfehlbar. Er hielt es

für einen Beweis seines überlegenen Verstandes, daß er manchem, sonst als ganz vernünftig bekannten, aber vielleicht allzu arglosen Menschen durch seine Schlauheit einen Vortheil abzugewinnen wußte; er hielt es für den größten Beweis seiner eminenten Theaterleitung, daß er durch dieselbe reich geworden war; er hielt es für einen Beweis seiner Liebenswürdigkeit, daß — — doch ich habe bereits im Vorworte erklärt, Privat=Verhältnisse unberührt zu lassen!

Erwähnen muß ich aber, daß es eine seiner Eigenthümlichkeiten war, durchaus an sein Alter nicht glauben zu wollen, weil dies, so zu sagen, einen Theil seiner Krankheitsgeschichte bildet.

Obwohl bereits hoch in den sechzig, gefiel er sich doch darin, noch einen steten Aufwand von jugendlicher Kraft zur Schau zu tragen, und dies bestimmte ihn, zu Anfang Februar dieses Jahres, gleich einem lebensfrischen, genußsüchtigen Jüngling, in drei aufeinander folgenden Nächten Bälle zu besuchen, und in der letzten, auf einem Hausballe zugebrachten Nacht, sogar zu tanzen. — Allein die Natur versteht es nicht zu schmeicheln, und rächt sich an dem, welcher die von ihr gesetzten Schranken überschreitet. Ein plötzliches Nachlassen der Kräfte war die Ursache, daß Carl während des Tanzens zu Boden stürzte, und sich im Falle den Fuß überstauchte. Er wurde schnell nach Hause gebracht, die Aerzte erklärten das Uebel für nicht gefährlich und verordneten Eisumschläge. So, zwar gezwungen das Bett zu hüten, aber sonst körperlich gesund scheinend, und bei voller Geisteskraft, befaßte er sich noch mit geschäftlichen Anordnungen bis ihn in der Nacht zwischen dem 15.

und 16. Februar plötzlich der Schlag rührte. Schnell her-
beigerufene Aerzte erhielten ihn zwar noch am Leben, doch
blieb er durch längere Zeit vollkommen geistesabwesend.
Erst nach Verlauf einiger Wochen kehrte die Besinnung
zurück, und er konnte, wenn auch nur mühsam, sprechen,
sein Gedächniß aber war so geschwächt, daß er sich nicht
einmal der Namen seiner ältesten Bekannten entsinnen
konnte.

Der sorgsamsten Pflege und der Kunst seiner Aerzte
gelang es zwar, ihn körperlich und geistig, so weit herzu-
stellen, daß er nach einigen Monaten wieder, wenn auch
selten, Besuche empfangen, und sogar Verfügungen in Ge-
schäfts = Angelegenheiten treffen konnte. Nachdem er einige
Zeit auf seiner Besitzung in Hietzing zugebracht hatte, verordneten ihm die Aerzte den Besuch des Bade-Ortes Ischl.
Lange sträubte er sich, diesen Rath zu befolgen, endlich
aber entschloß er sich doch dazu.

Kurz vor seiner Abreise ließ er noch alle seine Thea-
ter=Mitglieder einladen, sich auf der Bühne zu versammeln.
Da erschien er, durch seine Krankheit bereits zum zittern-
den Greise geworden, zum letzten Male auf dem Platze,
auf welchem er vor einem halben Jahre noch mit voller Ener-
gie die Probe geleitet hatte. Weinend dankte er allen Anwesenden dafür, daß sie, während seiner Krankheit, treu und
redlich ihre Pflicht erfüllend, im gemeinsamen Zusammenwirken den Ruf seiner Anstalt erhalten hätten; theilte ihnen
seine bevorstehende Abreise mit, und bat sie, auch während
seiner Abwesenheit unter der Leitung seiner bisherigen
Stellvertreter, der Herren Regisseure G r o i s und L a n g, in

der Erfüllung ihrer Obliegenheiten fortzufahren. Zum Schluſſe forderte er ſie auf, ſich an dem neuen Staatsanlehen zu betheiligen, für welches er ſelbſt eine Summe von dreißigtauſend Gulden gezeichnet hatte.

Es iſt hier am Plaße, der redlichen und aufopfernden Bemühungen zu erwähnen, mit welchen die beiden genannten Regiſſeure während der Zeit von Carl's Krankheit das Geſchäft im Gange zu erhalten wußten. Es war dies um ſo ſchwieriger, als ſie, da man Anfangs, aus unbegreiflichen Gründen, den wahren Zuſtand des Directors ſelbſt vor ihnen geheim zu halten ſuchte, ganz ohne alle Inſtruction, ſomit nur auf die Gefahr ſpäterer Verantwortung hin operiren mußten. Aber ſie verſtanden es, mit Umſicht und Thätigkeit das Geſchäft ſo zu leiten, daß es nicht nur keinen Nachtheil erlitt, ſondern ſogar die Theater-Caſſe ſelbſt in den ſonſt wenig ergiebigen Sommermonaten, bereicherte; ſie wußten ferner mit kluger Mäßigung jede, bei einer aus ſo verſchiedenartigen Elementen beſtehenden Geſellſchaft, ſo leicht mögliche Reibung fern zu halten, und den Geiſt der Einigkeit unter den Mitgliedern zu bewahren.

Am Tage vor ſeiner Abreiſe ließ Carl noch die Herren Scholz, Neſtroh, Carl und Franz Treumann, Grois, Lang, ferner ſeinen Secretär und den Caſſier zu ſich bitten, wollte nochmals von dieſen Abſchied nehmen, aber die Ahnung, daß er ſie nie wieder ſehen ſollte, beraubte ihn bald der Sprache. Erſchöpft ſank er zurück, und die Anweſenden entfernten ſich, tief erſchüttert, ohne daß Einer von ihnen es vermocht hätte, ein Wort an den beinahe vor ihren Augen Sterbenden zu richten.

Als sich Carl wieder erholt hatte, übernahm es Herr Grois, im Namen der übrigen einige Worte des Trostes und der Hoffnung gegen ihn auszusprechen. Carl dankte ihm wiederholt für seine redliche Mühewaltung, sprach seine volle Anerkennung aus, und gelobte ihm, daß er die ihm, dem Kranken, geleisteten Dienste gewiß hundertfach vergelten werde. — Ebenso versicherte er seinen Secretär, daß er für dessen Alter gesorgt habe, und ließ zum Schlusse noch einen der Aeltesten seines Personales, den Theatermeister Herrn Sußbauer, der, wie bereits erzählt wurde, ihn schon vor 29 Jahren von München nach Wien begleitet, und seit dieser Zeit treu und redlich bei ihm ausgehalten hatte, zu sich rufen. Auch von diesem nahm er gerührt Abschied, und gab ihm die Beruhigung, daß er für ihn bereits gesorgt habe.

Am nächsten Morgen reiste er im Begleitung seiner Gemalin und der Frau Josefine von Scheidlin auf dem Dampfschiffe nach Linz, und von da nach Ischl, wo er am 6. August anlangte. Er fühlte sich dort so wohl und behaglich, daß er sich oft darüber gegen seine Umgebung freudig aussprach, und dies zwar selbst am Tage seines am 14. desselben Monates erfolgten Hinscheidens. Nachdem er noch Mittags auf der Promenade rüstig einhergeschritten war, und nach Tische sich voll heiterer Laune am Gespräch betheiligte, rührte ihn, ohne das geringste frühere Vorzeichen, um ½ 2 Uhr der Schlag, und raubte ihm die Sprache. Trotz aller schleunigst angewendeten Mittel wiederholte sich der Anfall um ½ 10 Uhr mit erneuter Heftigkeit; er sträubte sich in krampfhaften Zuckungen mit wilder Kraft, ein dumpfes Schreien entrang sich der gepreßten Kehle, er sank zurück, und hatte aufgehört zu sein! —

Die Leiche wurde, wie er letztwillig verordnet hatte, einer Secirung unterzogen und das Auffälligste, was sich bei dieser herausstellte, war ein organischer Fehler des Herzens.

Sodann trugen die Schauspieler der in Ischl anwesenden Theatergesellschaft den Hingeschiedenen feierlich zu Grabe. Bald darauf erfolgte noch in Ischl die Eröffnung seines Testamentes. Der Mittheilung des Inhaltes desselben sahen hier in Wien viele seiner Untergebenen mit gespannter Erwartung, und selbst das große Publikum mit ungewöhnlicher Neugier entgegen.

Da letztere bereits durch den Abdruck des ganzen Testamentes in A. Bäuerle's Theaterzeitung, und durch den Verkauf zahlreicher Exemplare befriedigt sein dürfte, so scheint es überflüssig zu sein, das weitläufige Testament nach seinem vollen Inhalte hier beizufügen, es möge daher genügen, wenn die Haupt-Puncte desselben nach der Reihenfolge der Paragrafe in Kürze zusammengedrängt angeführt werden, und auch dieses nur in der Uiberzeugung, daß nichts so sehr, als gerade das Testament, geeignet ist, die Charakteristik Carl's zu vollenden. —

Es zerfällt in 19 Paragrafe:

1. Wird die einfache Beerdigung, nach erfolgter Secirung angeordnet.

2. Enthält die Gebarung mit dem Gesammtvermögen.

3. Ernennung der sechs Universal-Erben, und zwar:

a) Franz Ludwig Neumayr, richtig Lang, vulgo Flerr, jedoch mit der besonderen Bestimmung, daß derselbe bis zu seinem vierzigsten Jahre nur die Interessen seines Erbtheiles zu beziehen habe, und erst nach erreichtem vierzigsten Jahre das Capital selbst erheben dürfe;

b) Anna Josefa Flerr, richtig Lang, dermalen verehelichte Almenroth;

c) Amanda Maria Lang, dermalen verehelichte Bermann;

d) Carolina Katharina Lang — (unrichtig Flerr);

e) Katharina Carolina Lindpaindner, dermalen verehelichte Georgey von Görge und Toborz;

f) Carolina Mariana Andriani, dermalen verehelichte Escherich (zu Betbrunn bei Ingolstadt in Baiern wohnhaft).

4. Vertheilung der schon bei Lebzeiten des Erblassers erfolgten Schenkungen an die benannten Universal-Erben.

5. Verordnung, daß das Carl-Theater von keinem der Erben bei sonstiger Enterbung selbst geleitet werden, sondern binnen sechs Monaten verpachtet, oder verkauft, oder endlich in ein Zinshaus umgewandelt werden müsse.

6. Vermächtniß an Carl's Gattin, Margaretha Bernbrunn: ein lebenslänglicher Unterhaltsbetrag von jährlichen viertausend Gulden Bank-Valuta, ferner ein längstens binnen 14 Tagen nach seinem Tode an sie hinauszubezahlendes Capital von zehntausend Gulden, sodann der vierte Theil des im Nachlasse vorhandenen Silbers und die vollständige Einrichtung für drei Zimmer, endlich die gesammten weiblichen Schmucksachen, weibliche Kleidung und Wäsche rc. rc.

Theaterdirector Carl.

7. Vermächtniß an die Schwester Carl's, Carolina Heimbucher von Bekeßi, geborne Bernbrunn: 20.000 fl. C. M., längstens binnen einem Monate an sie hinauszubezahlen.

8. Wird der beim Carl=Theater engagirten Schauspielerin, Frau Mathilde Wagner, ein Capital von 12.000 fl. — (unter besonderen Nebenbedingnissen) vermacht.

9. Wird der gegenwärtig minderjährigen Emma Dorothea Wollbrück, unehelichen Tochter der dermaligen Frau Ida Schuselka, gebornen Wollbrück, ein Capital von 20.000 fl. vermacht.

10. Dem Kammerdiener Carl's, Eduard Schöneffel, ein längstens binnen einem Monate hinauszuzahlendes Capital von zweitausend Gulden, serner sämmtliche Kleidungsstücke, die Leibwäsche und eine goldene Uhr, — wenn sich, außer der an Herrn Johann von Scheiblin vermachten goldnen Uhr noch eine vorfinden sollte.

11. Dem Theatersecretär, Herrn Franz Adler, ein Betrag von eintausend zweihundert Gulden und ein Vierteljahrsgehalt im Betrage von einhundert und fünfzig Gulden.

12. Der Schwester Carl's, Amalie Bernbrunn, ein lebenslänglicher Unterhaltsbetrag von 600 fl. Bank=Valuta.

13. Der Frau Josefine von Scheiblin, gebornen Hensler, ein Geldbetrag von dreitausend Gulden, serner ein lebenslänglicher Unterhaltsbetrag von jährlichen sechshundert Gulden.

14. Dem gewesenen Hauptkassier, Johann Held, ein lebenslänglicher Unterhaltsbetrag von jährlichen vier-

hundert Gulden, ferner ein Vierteljahrsgehalt im Betrage von einhundert und achtzig Gulden.

15. Dem Schauspieler, Herrn Wenzel Scholz, ein lebenslänglicher Unterhaltsbetrag von 600 fl. C. M.; ferner, für den Todesfall des Legatars, seiner Gattin Theresia Scholz, gebornen Miller, ein lebenslänglicher Unterhaltsbetrag von 300 fl. Bank=Valuta.

16. Der Karolina Lindpaindner, dermalen in München wohnend, ein lebenslänglicher Unterhaltsbetrag von jährlichen 300 fl.

17. Verordnung der pupillarmäßigen Sicherstellung der Capitalien, von welchen die Interessen für die erwähnten Lebensunterhaltsbeträge zu verwenden sind.

18. Werden folgende Gegenstände als Andenken vermacht: dem Herrn Johann von Scheiblin Güter-Inspector, eine goldene Repetir=Uhr; dem Uhlanen-Lieutenant Carl von Scheiblin alle vorhandenen Pferde, Wagen, und dazu gehörigen Requisiten; dem k. k. Ingenieur = Hauptmann August von Scheiblin alle vorhandenen Tabakspfeifen, Rauchrequisiten, und zwei Bronze-Statuetten, Rousseau und Voltaire darstellend.

19. Verordnungen für den ganz unerwarteten Fall, daß das Gesammtvermögen nicht zureichend wäre, um alle verfügten Anordnungen vollständig erfüllen zu können. — —

Bei Bekanntwerden dieses Testamentes fanden sich so Manche arg getäuscht, welche mehr oder minder zu der Hoffnung berechtigt waren, daß Carl sie für ihre langjährigen, mitunter gegen geringe Besoldung treu geleisteten Dienste, bei Abfassung seines letzten Willens bedacht haben werde.

7 *

Mit Befremden nahm man wahr, daß Carl selbst derer, denen er ausdrücklich eine Versorgung für ihr Alter zugesichert hatte, nicht gedacht habe; so ging z. B. der in Carl's Dienst alt gewordene Theatermeister Sußbauer gänzlich leer aus; des Schauspielers Herrn Gämmerler, welcher seit Beginn seiner Theaterlaufbahn, also durch mehr als 30 Jahre, treu bei Carl aushielt, und welcher sogar durch die Verheißung eines Legates zu einer Contractsverlängerung vermocht worden war, ist gar keine Erwähnung geschehen; und — — verdiente vor Allen Herr Nestroy, dessen Wirksamkeit als Dichter und Schauspieler Carl einen großen Theil seines Vermögens verdankte, nicht wenigstens eine durch das Vermächtniß eines Andenkens ausgesprochene dankbare Erinnerung? Wo blieb endlich die, Herrn Grois für seine anstrengende Dienstleistung als Directors = Stellvertreter zugesagte hundertsache Belohnung? Wir wollen zur Ehre des Verstorbenen annehmen, daß er den Willen gehabt, noch solche Verfügungen in einem Codicille zu hinterlassen, daß ihn aber, bevor er dazu gekommen, sein Wort auf diese Weise zu lösen, der Tod überrascht habe!

Zwei im fünften Paragrafe des Testaments enthaltene Stellen brachten eine Art Sensation sowol im Publikum, als unter den Mitgliedern des Carl=Theaters hervor, und ich finde mich veranlaßt, dieselben nachträglich hier in ihrem vollen Wortlaute wieder zu geben, weil sie eben als nächste Belege für die in diesen Blättern enthaltene Charakter=Schilderung dienen.

Die erste dieser Stellen ist der oben citirten Verfügung,

daß keiner von Carl's Erben das Theater fortführen dürfe, beigesetzt, und lautet folgendermaßen:

„Aus dem strengen Nachdrucke, womit ich die genaue Befolgung dieses meines ausdrücklichen ernsten Willens angeordnet habe, werden meine Erben, deren Wohl mir so sehr am Herzen liegt, unzweifelhaft erkennen, daß ich durch meine so überaus langjährige Erfahrung die Leitung eines Theater=Geschäftes als das schwerste, unsicherste, und darum gefährlichste industrielle Geschäft kennen gelernt habe; ohne Ruhmredigkeit spreche ich es hier offen aus, daß ich zweifle, es werde bald wieder ein Mensch auftauchen, der so wie **ich** durch und durch, nach allen Richtungen geschaffen sein wird, ein solches Geschäft auf eine Art und Weise, wie **ich** es verstand, mit glücklichem Erfolge zu führen!"

Bedarf es mehr als dieses eben nicht parfümirten Selbstlobes, um die früher aufgestellte Behauptung, daß unbegrenzte Eitelkeit und Selbstüberschätzung zu Carl's Schwächen gehörte, zu rechtfertigen?

Die zweite Stelle, auf welche ich schon bei einer früheren Gelegenheit hinwies, und welche bei sämmtlichen Schauspielern eine gerechte Entrüstung hervorrief, lautet:

„Ich mache meine Erben darauf aufmerksam, daß ich die Engagements=Verträge mit sämmtlichen Mitgliedern meines Theaters ohne Ausnahme in der Art abgeschlossen habe, daß meine **Erben** berechtigt sind, diese Verträge alsogleich nach meinem Tode auflösen zu können, welche Vertragsklausel von meinen

Erben wohl im Auge zu halten ist, um sie nach Maßgabe der Sachlage (besonders mit Rücksichtnahme, ob die Zeit meines Ablebens zur Sommer- oder Winters-Zeit eingetreten ist) zu benützen, und daraus bei der Verpachtung oder Veräußerung des Theatergebäudes den bestmöglichsten Vortheil zu ziehen!"

Durch diesen, seinen Erben gegebenen Wink hat also Carl seine eigene Härte, seine Selbstsucht, und seine während seiner Lebenszeit oft an den Tag gelegte Methode, seine Theater-Mitglieder wie leblose Werkzeuge zu behandeln, die man in jedem beliebigen Augenblicke wegwerfen kann, sobald man sie eben nicht benützen will, noch an seine Nachkommen erblich übertragen wollen; durch diesen Wink hat Carl den letzten Funken von Zuneigung, der vielleicht noch im Herzen eines oder des andern seiner Mitglieder glimmte, selbst erstickt; — durch diesen Wink endlich hat Carl selbst ein ehrendes Andenken an sich unmöglich gemacht!

Wie? — ein Mann, der seinen Erben nahe an zwei Millionen hinterläßt, räth denselben, aus der augenblicklichen Noth und Verlegenheit derselben Kunstgenossen, deren Zusammenwirken ihm seinen Reichthum erwerben half, einen kleinlichen Nutzen zu ziehen?!

Das also ist das Vermächtniß, welches er seinen Schauspielern hinterließ?! Das der Dank, den er, mit Thränen in den Augen, beim Abschiede seinem Personale aussprach?!

Doch ich will den in dunkle Farbentinten getauchten Pinsel, welchen mir gleichsam Carl selbst in die Hand gibt, nicht länger anwenden, um die Schatten-Partien seines

Bildes noch breiter auszumalen; im Gegentheile, meinem
Vorsatze getreu, über diesen die Lichtpuncte nicht zu vergessen, will ich die schätzenswerthen Eigenschaften, welche
ich an ihm fand, hier nochmals aufzählen. Sie waren:
Consequente eiserne Willenskraft, — Scharfsicht, — Ge-
schäftspünctlichkeit, — rasche Fassung der Entschlüsse, und
Ausdauer in Ausführung derselben, ferner — ein überaus
höfliches, leutseliges Benehmen, welches oft eine mächti-
gere Waffe ist, als die manchem seiner Collegen eigen-
thümliche Schroffheit. Diese Eigenschaften möchte ich allen
Bühnenleitern als anstrebenswerthe Vorbilder empfehlen,
in allem Uebrigen aber kann es gewiß im Interesse der
Kunst, der Künstler und des Publikums, nur wünschens-
werth sein, daß wirklich, wie Carl noch zweifelnd aus-
spricht, nicht sobald wieder ein Mensch auftauche, der in
der Art und Weise, wie Er, eine Bühne leite!— Gegenüber denjenigen, welche mir, da ihnen die Haltung, die
ich schon seit längerer Zeit gegen Carl angenommen hatte,
unbekannt ist, es vielleicht zum Vorwurfe machen könnten,
daß ich diese eben nicht ganz schmeichelhafte Schilderung
erst jetzt nach Carl's Ableben veröffentliche, finde ich nöthig,
zum Schlusse noch einmal zu erwähnen, daß ich meiner
Entrüstung über Carl's Gebarungen auch schon bei seinen Lebzeiten, und zwar ihm persönlich gegenüber, Worte
lieh; daß ich gegen seine Uebergriffe mündlich, schriftlich, ja
sogar im behördlichem Wege Protest einlegte, und mir eben dadurch, daß ich meine Gesinnung auch gegen ihn selbst offen
an den Tag legte, das Recht erworben zu haben glaube,
in der Abfassung seiner Lebensgeschichte, (die doch vor sei-

nem Tode nicht hätte vollständig werden können) un-
umwunden wahr zu sein! — Was ich mittheilte, beruht,
wie ich schon in der Einleitung sagte, auf unläugbaren
Thatsachen; die Betrachtung derselben möge das Urtheil
über diesen, in seiner Art merkwürdigen Mann bestimmen.

Facta loquuntur!

Druck von Ferdinand Ullrich.